青春闪耀崛起路

安徽青年创业故事会（二）

QINGCHUN SHANYAO JUEQILU

ANHUI QINGNIAN CHUANGYE GUSHIHUI

主编 李 红

共青团安徽省委推荐 青年创业者成长必读

时代出版传媒股份有限公司
安 徽 文 艺 出 版 社

图书在版编目(CIP)数据

青春闪耀崛起路:安徽青年创业故事会.2/李红主编.—合肥:安徽文艺出版社,2013.1
ISBN 978-7-5396-4232-1

Ⅰ.①青… Ⅱ.①李… Ⅲ.①青年-企业家-生平事迹-安徽省-现代 Ⅳ.①K825.38

中国版本图书馆 CIP 数据核字(2012)第 307899 号

出 版 人:朱寒冬　　书名题字:韩　阳
责任编辑:宋潇婧　张　磊　　装帧设计:徐　睿

出版发行:时代出版传媒股份有限公司 www.press-mart.com
安徽文艺出版社 www.awpub.com
地　　址:合肥市翡翠路 1118 号　邮政编码:230071
营 销 部:(0551) 63533889
印　　制:安徽星火印刷公司　(0551)65146875

开本:710×1010　1/16　印张:13.25　字数:200 千字
版次:2013 年 1 月第 1 版　2013 年 1 月第 1 次印刷
定价:30.00 元

本书编委会

◎目　录◎

02 农村青年创业典型

03 大学生创业典型

04 返乡创业典型

前　言

创业，一个令人激情澎湃的词语！一个青年的创业，可以点亮一个群体的希望；一个群体的创业，可以汇成一片土地的曙光。实践证明，创业是青年参与经济社会发展的重要途径，在创业中立功，在时代发展中有所作为，是众多当代青年的理想和方向。

安徽这片土地，孕育了绚丽精深的徽文化，诞生了叱咤中国商界数百年的徽商。作为中国商界的典范，徽商创造了世人瞩目的商业奇迹，谱写了彪炳史册的经济篇章。徽商的成功与他们青年时的创业密不可分，一部徽商史，其实就是一部青年创业史！

当前，我省正处于加速崛起大有可为的黄金发展期，工业化、城镇化快速发展，各项事业不断进步。瞩目今日的江淮大地，一批秉承着“徽商精神”、承载着“徽文化”精华的创业青年，如雨后春笋般蓬勃崛起，他们艰苦奋斗，奋力创业，成为我省改革和发展中的生力军。作为新徽商的代表，他们正在向社会各界展示自己的风采和形象，为全省青年树立了创业、创新、创优，争先、领先、率先的榜样，激发了更多青年的创业热情。

省第九次党代会提出了全面完成“十二五”规划目标任务，努力打造“三个强省”，加快建设美好安徽，为全面建成小康社会打下具有决定性意义的基础的宏伟目标。广大创业青年要抓住我省加快崛起、建设经济强省带来的机遇,发扬不怕吃苦、不怕挫折的奋斗精神,锤炼敢为人先、敢于突破的优秀品格,把个人理想和抱负融入到创业、创新的生动实践中,把青春和智慧汇入到建设美好家乡的共同事业中,在创业大潮中点亮青春、实现自我价值,在全民创业中勇当先锋,在创造未来中铸就人生辉煌,用锐意进取,用埋头苦干的行动创造实实在在的业绩,为打造“三个强省”、建设美好安徽做出自己的贡献。

社会各界要关注、关心青年创业,深入挖掘我省青年蕴藏的巨大创业潜力,营造崇尚创业、争相创业、大力创业的浓厚氛围,积极为青年创业提供指导和帮助,大力弘扬创业文化,宣传创业典型,在全社会形成“鼓励青年成长、支持青年创业”的良好氛围。

历史上的徽商是安徽的骄傲,标志着安徽曾经的辉煌,今天秉承徽商精神的创业青年是安徽的希望,也必将在安徽的奋力崛起中再创辉煌。我们相信,当代创业青年一定会比历史徽商创造出更加出色的业绩!

编　者

创新创业典型

创新

“奋斗”是多么神圣的字眼，它经历过炮火硝烟、枪林弹雨的洗礼，高高招展、猎猎炸响，迎来新中国的歌唱。而今，灯红酒绿、车水马龙、花前月下的和平时期，“奋斗”又在哪里？汪宏坤的“奋斗”观，直接作答：在我们年轻的奋斗者心中。

“做有梦的人”就有信念、有理想，就有发自内心的动力源泉，冲洗去那无谓的哀愁、悲叹和愤怒。这梦把实实在在的路铺在自己前行的脚下。从一个打工者到身家亿万元的董事长，就是现实奋斗的标本。所有成功的背后都有刻画

“汪宏坤 奋斗，改变命运”

曾几何时，“愤青”成为网络上一个颇为流行的字眼，对象是特指那些对现状不满且言辞激进的年轻人。而汪宏坤则认为，与其做一个“愤怒”的青年，不如做一个敢于奋发、执着前行的青年。他称自己是“奋青”，并且用近30年打拼的人生经历诠释了一个道理：奋斗，改变命运。

75元钱闯北京

汪宏坤出生于桐城市青草镇一个贫穷的农村家庭，父亲老汪是当地一所民办小学的教师，好好读书、考上大学、在城里找一份好工作是他替年幼的汪宏坤制定的人生规划。

老汪没有想到的是，数年之后，汪宏坤的确走出了农村，但走的却是另一条道路。

在读书方面，汪宏坤并不是“一把好手”。那年高考，他的落榜让老汪颇为沮丧。然而汪宏坤却在一阵失落之后很快平静下来，并决定放弃读书，外出打工。“我在饭桌上和父亲谈梦想、谈未来，他始终一言不发。在我说完后，他只说了两个字：‘吹牛。’”汪宏坤回忆说。

1986年，汪宏坤离开了家乡，到湖北省武汉市一家家具厂当喷漆学徒工。四个月后，汪宏坤成为正式员工，月薪200元。在他18岁那一年，他拿到了人生的第一笔收入。这样的生活持续了六年，

打工、挣钱、回老家过年、再打工……“日子是比在农村时好多了，但还是觉得没什么希望。一成不变的生活会让我觉得很恐惧。”面对这样的生活状态，汪宏坤开始问自己：是不是一辈子都要这样活下去？

“北漂”在那个年代是件很常见的事，1992 年快过春节时，汪宏坤决定去北京市打工。他向家里要了 100 元钱做路费。临走的前一天晚上，他跟几个朋友打麻将，“就是想再赢点钱做生活费”，结果反而输了 25 元钱。他没敢跟家人说，就揣着剩下的 75 元钱上路了。一路奔波，当留着一头齐秦式披肩长发的农村打工仔汪宏坤终于站在北京火车站的广场上时，他的口袋里只剩下 12 元钱，看着眼前鳞次栉比的高楼与川流不息的人潮，他攥紧拳头暗下决心：“一定要干出点名堂来。”

在北京市一家家具公司里，油漆活计出色的汪宏坤很快站稳了脚跟，月收入 300 元。然而几个月后，他又开始“有想法”了。“当时工厂拖欠了大量订单，不论你干多少活，月工资都是 300 元。在这样的机制下，工人怎么会有动力呢？”汪宏坤找到老板，提出自己带十几个老乡承包任务。“老板正在为完不成订单而发愁，想都没想就答应了。”于是，在工厂的一隅，汪宏坤开辟出了自己的“小车间”。

“计件付费”的模式让手下的老乡们充满干劲，一个月后，工厂的订单完成了，十几个老乡的月均收入都达到了 700 元，汪宏坤拿到了 3000 多元的管理费。尝到甜头的他再次和老板商议，承包了 80 余人的车间。短短一年时间，他就攒下了 3 万元。这个时候，他脑海中一直朦朦胧胧的梦想逐渐清晰起来：“光靠打工只能养家不能富家，人要有思想，要自己创业，自己当老板，这样才能彻底改变现状，干出一番事业来。”

1994 年，汪宏坤开始了自己的创业之路。

生命的意义在于奋斗

可能有很多人都无法像汪宏坤那样体会到奋斗、信念这些东西对于生命的意义，因为他曾经那么真切地徘徊于死亡的边缘。

不尽的细节，都有挥之不去、萦绕于胸的梦想。从实现小我以改变资历，到升华大我关注更多务工人员，只有奋斗和奋斗的成功，才能赢得在更高层面上的话语权，让更多的年轻人拥有梦想。奋斗的更高境界，汪宏坤走在了前面。

20世纪90年代中期，北京市家具市场刚刚兴起，汪宏坤及时抓住了机遇，凭着在同行中相对较高的技术水平，工厂很快发展了起来。“创业的困难很多，比如找场地、买材料、办手续等，但我觉得自己浑身都是力气。”汪宏坤拿出全部积蓄，带着十几个老乡租下几间废弃的厂房开始生产家具。为了省钱，身为老板的他兼做木工、油漆工和搬运工，忙得不分昼夜，每天的工作时间长达16个小时。

办厂三个月之后的一天晚上，汪宏坤带司机开车给客户送货，车子开了不到10分钟，就与一辆大卡车相撞，他被撞得从前挡风玻璃飞了出去。在医院里，汪宏坤因手术感染而高烧不退，医生没办法，只好把他衣服脱光放在大冰块上降温。昏迷了七天之后，汪宏坤终于醒了，头部破裂、右脚粉碎性骨折、脾脏被摘除，他奇迹般地活了下来。回顾那段经历，汪宏坤说：“我是憋着一股劲，就是不甘心刚刚起步的事业就此夭折。”

经过了这次死亡的考验，汪宏坤对人生、生命有了新的认识，“从那时起，我的志向更高了，人生就需要这股锲而不舍的奋斗精神。”1996年，他正式注册了北京华威家具制造有限公司。两年后，他陆续收购了邻近的四家小厂，企业开始初具规模。此后十余年间，他不断地将梦想扩大，然后一点一点地用奋斗去实现。

“自主创业的过程必然充满艰辛，但同时也能体会到巨大的成就感。如果相信自己有梦想、有能力，就要坚持下去。要敢于跳出思维惯性，做个敢做梦的人。”汪宏坤说。

新生代农民工关注者

从75元到亿万元身家，从油漆工到集团公司董事长，从普通农民工到全国人大代表、青年联合会委员，汪宏坤用他的奋斗，树立起一段农民工的创业传奇。而正是由于自身的发展经历，他对同为农村进城务工人员的工作及生活状态颇为关注，从他们的身上，汪宏坤仿佛看到了自己当年的影子。

2010年全国“两会”期间，身为全国人大代表的他提出了两个提案：一个是关于让农民工子女在城里入学、高考，一个是丰富新生代农民工精神文化生活方面的。“限制农民工子女在哪里入学和参加高考,本身就很不公平。”汪宏坤说,“不能因为这项改革推动起来很难,就放弃尝试。要打破目前的户籍制度,实现城乡户籍一体化,保障农民工子女在城里入学、高考,原因就两个字:公平。”

在新生代农民工精神文化生活方面，汪宏坤认为:“不光是唱唱歌、看看电影就能解决问题,更主要的是全社会要尊重农民工的劳动,城市应该更包容一些。”尽管新生代农民工吃亏、吃苦的精神不如上一代，但他们已经成为了产业工人的主力，承担着城市最脏、最累、最苦的工作,却享受不到相应的社会福利待遇。“城市的发展,某种意义上牺牲了这一代农民工的剩余价值。”他严肃地说,“他们渴望能进入城市,而我们的城市在很多方面还没有完全做好接纳他们的准备。”

作为创业成功者，汪宏坤对当下很多青年打工者以及创业者也有苦口婆心的忠告与建议。“我常对工人说,我就是你们变的。因为我是从打工者成长起来的老板,所以你们谁认真、谁努力,我有自己评判的方式。我希望通过这种方式为工厂发现更多管理岗位上的人才。”汪宏坤说,“作为普通劳动者,在工作岗位上就要勤奋、不断努力、认真负责,凭小聪明混出头那只是暂时的成功。”

"相信自己能够成功"，徐强这句话应该成为当代青年创业者的格言。

经济社会的发展，是青年创业者眼前的大格局。现实中，望而却步、无所事事者有之；长吁短叹、畏首畏尾者有之。究其要害，创业信念缺失，无法融入大格局是个问题。

"大格局经济终有大作为"，首要的是信念高扬，"相信自己能够成功"；其次脚踏实地地去干，选择合适自己的方向去释放自身的潜能，并始终相信自己能够成功。成功的

"徐强 大格局终有大作为"

用"顺风顺水"形容近些年的徐强一点都不为过。之所以如此，是因为徐强相信了生命和事业的大格局，做了一个一定要相信自己的人，寻找到了属于自己的那片海并慢慢磨砺成珍珠，最终不仅自己光鲜，亦追求照亮他人。

一个有信念的人

大格局，说到底就是大眼界、大智慧、大涵养、大气度。对于徐强而言，命运有时候并不取决于你这个不行，那个也不行，也不取决于你什么都能做以及是否真行，而是取决于你有没有找准一个方向或者挖掘到一种潜质，并始终相信自己能够成功。

1996年，徐强从中国科学技术大学毕业，怀揣创业梦想，南下深圳。为了给创业奠定基础，学习卓越的经营理念和先进的管理模式，他加入中国通讯电子行业的龙头企业——中兴通讯股份有限公司。两年后，徐强升任为总经理助理。正当职业生涯蒸蒸日上的时候，一直抱着产业报国、立志创办中国高科技制造企业的徐强，毅然舍弃了中兴通讯公司的优厚待遇，开始了自己不平凡的创业之路。

2001年，徐强离开深圳，只身回到合肥，创办了安徽中兴继远信息技术有限公司。作为当时一家并不起眼的小规模贸易型企业，徐强很快将高科技产品的自主研发确定为企业发展的根本出路。随

后，徐强带着公司一步一个脚印，逐步成长为一家业内闻名的高科技制造型企业，专业从事城市配电网自动化设备的研发、生产、工程与技术服务。

徐强告诉记者，中兴继远的产品集中了自动化系统、通讯系统和计算机系统等多方面的智能。形象地说，如果某一地方的电网短路停电、发生故障，以往可能需要两三个小时才能检查出故障并恢复供电，而现在徐强和他的团队研发出来的设备和程序实现了在电脑上发现故障，给出解决办法，几秒钟便能够自动恢复供电。另外，使用中兴继远的产品，某市供电企业的负责人可以随时通过电脑掌握该市配电网和用电网上任意一个装置的运行状况、任意一个用电客户的用电情况，完全实现了电网的智能化管理。而这些，在以前似乎都是人们难以预想的。而徐强和他的团队因为有信念，所以做到了。

徐强就是实例。由于他相信成功，所以能够在大格局中科学地选择创业方向，将所学的知识很好地转化为有形的载体、路径、成果。

“如果你们每天通过刻苦努力或者勤奋努力，能给创新一点点时间的话，那么在不远的将来，创新会回报你十倍甚至百倍的利润。”徐强就是这样一个选择信念后便付诸实践的人。一路发展至今，无论是徐强个人，还是中兴继远，一直被业界啧啧称羡。如果说一个人才的不可替代性是核心竞争力，那么一个企业的决胜先机便在于它所拥有的核心的自主知识产权。中兴继远做的是高端软件、国家基础设施建设，符合节能降耗政策，以及公共安全即国家电网和供电的安全，这个企业抓住了这些国家大力支持并鼓励发展的产业链，怕注定要忙不迭地风驰电掣了。

寻找自己的海

一颗普通的沙粒，要想成为色彩瑰丽、气质高雅的珍珠，首要条件不只是找到历练自己的贝壳，更要找到贝壳之外成全自己命运的大海。徐强就找到了属于自己的那片海，从中接受了一生最宝贵的历练。

2003年，当中兴继远第一个产品“PDTU2000 配电自动化馈线监控终端”正稳步研发的时候，国家针对部分行业固定资产投资增长过猛开始了宏观调控。刚刚创立两年的公司面临着严峻的考验，客户的订单大幅减少，公司的资金紧缺，刚刚组建的研发队伍人心不稳，设备研发工作面临瓶颈。就在最困难的时候，仅占公司一定股份的徐强，毅然决定抵押自己的全部家当以支持公司度过艰难时期。这期间，徐强在爱人的支持下，做了两件事：第一，把其他方面投资的业务全部转到公司；第二，拿出自己的全部积蓄，甚至将个人房产拿去抵押贷款给员工发工资。回头想想，徐强都禁不住被自己感动。为了保住自己的那片海，保住自己的梦想，徐强显然义无反顾。

2009年6月，中央电视台《新闻联播》爆出一个新闻，国家将智能电网列为政府支持的第八大产业。看到这个消息后，徐强兴奋极了，还找朋友出去庆祝了一番。一切都在向着徐强预计的方向发展。“工业化和城镇化的发展，要求城市供电必须转向智能化。而城市供电是瓶颈，必须不断进行技术升级和规模升级。”2009年，中兴继远和江淮汽车等企业一同获得了中央预算资金的支持。

近年来，中兴继远每年推出3至4款新产品，牢牢把握了市场的主动权。目前，公司终端产品、平台软件产品已覆盖安徽省电力市场的80%，同时销往河北、甘肃、广东、湖北、陕西、浙江等省区。“按照国家智能电网规划，市场投入有4万亿元，我们分享这一大‘蛋糕’，至少有10年的黄金发展期。”徐强对公司未来充满信心。

真能耐是为社会多做事

和徐强聊天，他常常忘了自己企业老总的身份。

“我内心最讨厌人家称呼我为老总。我认为一个企业家最大的本领也仅仅是在带头明确方向和组织资源方面。做企业和做人一样，只能赚辛苦的钱、积累的钱和智慧的钱，绝对不能投机取巧。而如何让自己的事业实现更大的社会价值，才是我一直追求的目标。”

面对取得的成绩，徐强始终保持着一个优秀企业家的清醒认知和高度使命感。他说：“企业家的社会责任大致分为两方面——一是搞好企业内部管理，抓好生产和质量，履行企业法定义务；二是履行好企业公民的基本社会义务，通过为社会做一些具体的事务来承担应该担当的责任。前者是企业家的本职工作,后者则是企业家回报社会的体现。”

采访中,记者发现,徐强对公司员工有着一份很淳朴的情感:“我最高兴的是我们大多数的老员工通过在公司的努力工作都能买房买车,我最希望看到的是将来年轻人找对象的时候,员工可以因为企业背景而加分,这样我就感觉我成功了。”这也算是徐强继续为之拼搏的动力所在了。

在尽心尽力创办好企业的同时,徐强还积极参与各项社会慈善活动,坚守对社会责任担当的践行。在汶川大地震、南方冰雪、西南干旱等自然灾害发生时,他以身作则,号召员工积极捐款、捐物。

马行千里,然后才有伯乐。在徐强看来,一个人的成功不算难事,却也算不得真正的本事,真能耐是为社会多做事。正如中兴继远“诚信、勤勉、务实、责任”的核心价值观,徐强常常以此与员工共勉。在繁忙的公司业务之余,徐强积极参加政府和社会组织举办的经济论坛和公益讲座,与有识之士分享自己的创业经历。在出席“2009 年安徽省非公有制经济论坛”时,徐强不无感慨地说:“促进国家经济发展,仅靠几个企业家的力量是难以实现的,必须团聚全省乃至全国更多的企业投身于国家经济建设的浪潮中。涓涓细流的汇集才会形成广阔蔚蓝的海洋。”

“孙连峰“玉心狼性””

玉有五德，曰：仁义智勇洁，君子佩之。孙连峰的个人魅力在于，他的内里温润仁洁如玉，坚持以儒家道德观和价值取向作为指导市场活动的行为法则；而形于外，其操盘的具体商业运作过程中，却充满了“狼性”。曾有朋友开玩笑说，孙连峰是一种“经济动物”，那么在所有的动物中，狼，应该最接近于他的商业本能：隐忍、团结，讲求纪律与效率，且极具进攻性。

从职业到事业

很多人都羡慕孙连峰职场生涯的一帆风顺，事实也的确如此。1992年自大学毕业之后，学工业会计出身的孙连峰被分配到煤炭部直属的一家煤矿建设企业，当年该企业举步维艰，连工资都发不起，很多职工下岗。对于孙连峰来说，这样的职场生涯开端可谓前途无“亮”。

次年，孙连峰即跳槽到原安徽省应用技术研究所，短短两年多之后，便从基层财务人员提升为财务部负责人，从此踏上光明大道。此后数年间，孙连峰始终处在猎头公司目光的聚焦下，先后出任了省内外多家知名投资集团的副总裁、财务总监。在很多人眼中，30岁出头的孙连峰手握财政大权，每日鲜衣豪车，居高位、享厚薪，此生当再无他求。

孙连峰自己并不这么想。随着职业生涯的步步升迁，他越来越感觉到个人提升空间的受限。2003 年,他选择到中欧国际工商学院就读 EMBA,通过系统的学习,总结自己多年来管理工作中的得失,不断提升战略管理能力和商业模式优化能力。EMBA 学业结束之后,孙连峰逐步完成自己从一个财务管理者到战略管理者的转变。

2009 年初, 时任浙江祥源投资集团财务总监的孙连峰在西安考察时,发现了一个“有趣”的企业——西安宝葫芦信息科技有限公司。“那是一家当时国内为数不多的开发软件但不卖软件的服务外包企业。”孙连峰回忆说,这种“新鲜”的模式让他非常感兴趣,“心里就像是一片灰蒙蒙的天上,陡然露出了一道射出湛蓝清光的缝。”西安这家企业运营不利,多年亏损导致负债累累。“他们选择的业务模式是好的, 但商业模式尚待优化, 也不会运用资本的力量。”孙连峰相信如果让自己来做,一定可以比他们做得更好。

他是个有些偏执的人, 当有了做一件事的想法, 便一定要去做,而且雷厉风行。“勇者无畏,真正的创业者应该具有开拓的勇气,要抓住机会敢于及时‘亮剑’,把一道缝变成一片天。”孙连峰笑着说,“创业就是要从无路处辟出一条路来, 要是眼前原本就是条阳关大道,还轮得到你走?”

2009年 3 月 23 日,孙连峰正式向集团递交了辞职信。这一天,正好是他 39 岁的生日。

祥源集团的老总是孙连峰在中欧国际工商学院的学弟, 两人私交极好,骤然间接到孙连峰的辞职信,听说他要自己创业,这位老总的第一反应是:“你神经病啊?!”很多同事、圈中好友对此都很不解,为什么孙连峰一定要放弃高位厚薪,从零开始自己去创业。

“我的想法其实很简单。”孙连峰解释说,“40 岁之前,我做的是职业;40 岁之后,我想做事业。”

隐忍以及薄发

在 2009 年 6 月,如今的安徽宝葫芦信息科技集团股份有限公司还只是个松散的“档案服务联盟”,早期创业班子的成员大部分是孙连峰读 EMBA 的同学, 大家由于对服务外包商业模式的认同而走到一起，彼此间却并没有什么经济业务关联，孙连峰作为联盟名义上的安徽区负责人，涉及所有具体业务开拓时，其实只能靠自己放手一搏。

投资100万元，租了间办公室，招聘了一名员工，这就是安徽宝葫芦最早的状态。之前十多年的职场生涯里，孙连峰只需要做决策、给方向、下命令，一切具体的事宜自然会有人去执行。而在2009年，这个39岁的男人，开始学着自己去操作打印机、发传真，开始在包里装着项目书四处跑业务。“以前出差自然有人安排好星级宾馆，现在要自己找经济酒店；以前经常吃的是鲍翅宴，现在只能对农家乐感兴趣。”孙连峰那时这般自嘲过。

公司创建六个月，没有接到一单业务，依着孙连峰的性子，按说早该心急如焚，然而他一直沉静着，只是书房里灯光亮着的时间更长了，有时甚至彻夜不灭。虽然脸上没有疲惫之态，但双鬓间隐有白霜乍现。“回来吧，公司的职位给你留着呢。”原来集团公司的老总劝他。“我们没有高要求，你干吗这样折腾自己？”妻子心疼地埋怨他。然而在孙连峰的字典里，没有“失败”这个字眼的存在。“公司没有资质，没有运作经验，更没有成功的案例，怎么跟别人竞争？想要成功，就得另辟捷径。”孙连峰像狼一样隐忍着，寻找着合适的机遇。

2009年10月，孙连峰利用自己的人脉，辗转联系上在合肥颇有影响的一家信息化领域知名企业——Z公司的负责人，承接了该公司在合肥R集团的一个“烂尾”项目。这个项目的利润并不高，且对方要求只能以Z公司的名义去做，而不能打出宝葫芦自己的招牌。这是安徽宝葫芦的第一笔业务，公司立即组织了一批专业人员上马，并提供了优质的服务。一段时间之后，客户对项目组负责人说：“你们不是Z公司的人吧？你们的工作态度和服务意识，跟之前的那拨人明显不一样嘛！”孙连峰笑了，宝葫芦在业内迈出了成功的第一步。

直到今天，孙连峰依然会时常给员工们灌输“服务意识”的重要性。“就像去商场买鞋，你试的第一双鞋通常都不太满意，更不会买下来。但销售员不厌其烦地拿来不同的鞋，耐心地等你试穿，一直试到你不买的话自己都不好意思。”孙连峰说，“我们所要做的，就如同这销售员一样。”

口碑带来的是客户，经验带来的是资质。宝葫芦在安徽市场的突破，让联盟中其他的公司看到了广阔的市场前景。2009 年 10 月 29 日，联盟第二次会议研究决定，以安徽宝葫芦信息科技有限公司为载体，提前进行集团化改造，注册资本增加到 2000 万元；2009 年 11 月 29 日，集团临时股东会成功召开，孙连峰被选举为集团董事、总裁；2010 年 3 月，集团又整体改制为股份有限公司。

他梦想中的事业，开始扬帆起航。

“裸奔”的文化

2010年，公司落户于合肥国家动漫及服务外包产业基地。不到一年的时间，先后完成了对天津津科软件开发有限公司、西安弘日软件有限公司、合肥华宇软件技术有限公司和北京世纪科维网络信息有限公司四家企业的战略重组，将他们多年来的技术积累、团队积累、体系积累、客户积累，迅速而有效地融入到宝葫芦的商业模式中。

纵观安徽宝葫芦的发展，其高速和稳健令人惊叹。究其原因，高度统一的商业语言、开放的资本平台和科学的分享机制打造了良性发展的轨道，而更深层次，是源于孙连峰对“仁”、“洁”二字的理解。

“‘仁’其实是一种包容，一种良性的妥协。仁者无忧，一个企业家只要胸襟坦荡、眼光长远，一切暂时的困难忧虑都会烟消云散。”孙连峰解释说，“为什么我们两个多月就可以收购一家企业？因为我们学会对同伴包容。为什么有那么多信任我们的客户？因为我们懂得向客户妥协。”

宝葫芦的企业文化有个很有意思的表述：“裸奔”。“裸”是透明，是公开、公平、公正；而“奔”，则代表了迅速、奋进和全力以赴。

在宝葫芦，所有人的行为都围绕法人治理结构开展，严格恪守相应的规章制度。管理模式实行“三会一层”结构，即股东大会、董事会、监事会和经营层，每个管理者都恪守自己的管理权限，一切问题都依靠制度和规则约定来解决，经营层的一切工作都按照规则及时向董事会和股东会透明化。孙连峰作为企业的领导者,并没有享受和滥用这种地位,而是带头自我限权。作为一个动辄数千万资金流运作的集团总裁,他给自己限定的固定资产购置权限只有20万元,资金使用严格按照经过审批的预算执行。集团准备给他配工作用车时,花25万元买了一辆别克,他拿着申请表请求董事长审批,董事长非常不解:"这点小事,你自己签个字买就是了。"孙连峰摇摇头:"洁者,自清、自省、自持。"他坚守的是一种规则。这种规则,是一个企业能够良性运作的保障与动力。

如今,安徽宝葫芦集团下设文档、电力、房产、医疗四大事业部,分(子)公司遍及北京、上海、天津、河南、山东、安徽、广东、湖北、江西、江苏、山西、湖南等全国十多个区域。业务范围包括:档案规范化服务、档案管理软件与软件工程、档案数字化加工及服务(信息化资源建设服务)、数字化档案增值服务、档案托管服务、房地产政务信息化全面解决方案、电力图档和智能电网外包服务、社区医疗信息化外包服务等领域。2010年,集团业务签约额度就达到了2500万元,今年的目标是突破1亿元。

"展望未来,我们要继续用包容的心态、科学的机制,团结一切有志于从事信息化外包服务的同人,共同把集团打造成为集咨询服务、流程外包(BPO)和呼叫中心为一体的、最值得信赖的信息化外包服务提供商,没有之一。"谈及未来,孙连峰平静的言语中流露出的是强大的信心,"目前国内绝大多数服务外包企业还停留在'成本转移中心'的阶段,而我们已经介于'功能中心'和'利润中心'之间。只专注于BPO业务,我们要做雇主离不开的'管家'和'保姆'。"

采访结束时,恰逢孙连峰有故友来访,孙连峰赠其一份三元集团公司成立十八周年庆典的纪念品。对方笑称:"等宝葫芦成立十八周年庆典时,你务必邀我前来一聚。"孙连峰脱口而出:"一定,再过十六年,那一定是一个值得永记的庆典。"

孙连峰之所以能成功,原因其实就在这句话里。

潘保春 循规蹈矩中思变创新

创业之“创”，对于潘保春来说至少有两层含义：其一，开创，从无到有，从跬步开始，一步一个脚印走下去，这也是创业的第一要义，走自己未曾走过的路。其二便是创新，创人所未创，或在原有的基础上标新立异，人皆为我所用，若三秋树，又如二月花，裁剪处尽芬芳。

作为一个创业者，潘保春是极有思想的。人生处处尽哲思，善于悟道，万物皆通，能不能看透是一回事，能不能悟道是另一回事。糊涂做人，明晰做事，有时候会给我们

对潘保春的第一印象，有种道不出的奇怪：没见面之前，闻其长着一副大盘脸、寿星眉、菩提耳的佛相，实际面容倒与网络流行的“囧”字更为接近，逗趣的八字眉很是可爱；一位叱咤商界的大忙人，居然在接受年轻记者采访时，为免叨扰而设置了手机静音，错过了 17 个未接来电；当 iphone4 已经在公司员工中流行开来，他还倒腾着伴随自己多年的破屏手机；当开着名车在街头被拍，这个几经风浪的男人会害羞地遮遮掩掩，神情很不自然；不仅如此，前两年当身边的朋友忙不迭地试水房地产时，他却不顾诱惑专做自己有把握的事情；在物欲横流、人心浮躁的时代，他不忘忙中偷闲只身出发，活出思考、活出境界……

“一不小心将事业做大了”

许是自小学佛、信佛的原因，潘保春性情淡然，循规蹈矩。在他看来，循规蹈矩并非全然保守陈旧，而是悟出人生万事万物皆有规律可循后的明智行为。所以潘保春的创业传奇便是在循规蹈矩中摸着石头过河，“一不小心将事业做大了”。

潘保春口中的他们那代人身上似乎都有蚂蟥的钻劲、野马的闯劲、牛皮的韧劲、飞蛾视死如归的狠劲。被誉为“野蛮生长终结者”的潘保春也不例外。上世纪 70 年代，潘保春出生于安徽滁州定远县的一个普通农村家庭，从小就目睹父辈耕作的劳苦，持家的不

带来许多的乐趣。诚如潘保春所言，创业之路都会有压力、如何消减压力、释放压力，都得有合适的方法。潜水也好，消失也罢，饱食遨游，泛若不系之舟，同样可以让自己在有无中做出选择，在笑傲中挥洒天地。

易，耳濡目染中逐渐懂得了生活的艰辛。家乡的贫穷，家庭生活的困顿，令一种积淀已久的志气情怀开始在他心中蠢蠢欲动。

鲤鱼跃龙门的那一跳，潘保春跳得漂亮。走出农村的那一刻，“身未动，心已远”。学校毕业后，潘保春被分配到安徽省化学电源公司，不久便担任公司技术部部长。20 世纪 90 年代中后期，全国各地雷厉风行的“国企改制”、“下岗运动”，令这位技术骨干毅然决然地离开岗位，率先在不安分的市场中寻求创业的先机。

“随遇而安的心境固然好，可是静中思变才有生机。”1997 年至 2003 年，潘保春用短短五年的时间将一手创办的安徽宏达厨具有限公司经营得有声有色。创业之初，潘保春经销的消毒柜在小县城里根本卖不动。一次偶然的机会，“今年过节不收礼，收礼只收脑白金”的广告创意给了潘保春灵感。很快，潘保春重新定位包装了消毒柜，令其成为提供健康保障的一种礼品，并在整个县城布满“送礼送健康”的广告。此后，消毒柜的销量一发不可收拾。

有人说，潘保春不按常规出牌，不算循规蹈矩。而遵循市场规律、不断创造市场需求正是潘保春在商场中总结出的一条规律。为此，潘保春愈加意识到，立足商场不被淘汰，必须思变创新。于是，潘保春开始不断为公司引进新产品，生意也越做越大。1998 年，潘保春偶然与太阳能热水器产品结缘，喜爱钻研的潘保春发现太阳能的便捷、安全、节能正是其最大的卖点。一向就对新产品好奇的潘保春，决定进军太阳能领域一探究竟。

查资料、问专家、做市场调研……在那个经济高速崛起的时代，潘保春敏锐地察觉到了新能源产业的前景。2003 年，潘保春加入合肥荣事达集团，并出任该集团太阳能科技有限公司董事长兼总经理。在新能源领域闯荡近十年，潘保春干得风生水起，现今经营领域主要涉及新能源和智能卫浴两块。潘保春说，目前自己的事业处于“聚变”阶段，不过正整装待发迎接“裂变”后的涅槃。

以“悟”与“度”应对规律

“人生有高潮必有低谷，只有退潮后，人们才能看得到沙滩上的真实情况。”潘保春说。一个企业的发展过程犹如一个人的成长阶段,有萌芽的幼年阶段,有快速发展的青少年阶段,也有繁盛的壮年以及低谷的老年阶段等。而一个人在企业中创造和收获的价值不能仅仅以财富计算,更要观其眼界、涵养的积淀,而"悟"与"度"二字便是应对人生规律的法宝。

曾经以为阅历带给人财富,自然也带给人负累,当脚尖负重,人行走起来便很难步履轻盈。可是潘保春却用淡然、乐观的心境颠覆了记者的想法。历经风雨,留给潘保春很多经验教训,其中不乏磕磕绊绊的小插曲。但是当以德报怨、感恩敌对的善念埋于心中,潘保春明白了万象皆由心生的规律,选择消极还是乐观,选择抱怨还是奋斗,原来都只在人的一念之间。

看到越来越多的年轻人走上创业的路子,潘保春道出了自己的看法:"不知道从什么时候开始,年轻人开始对创业有了些误解,以为创业就是简单的自己当小老板,做生意,仅此就是创业。"潘保春认为,创业是广义的,不仅包括自己创造性的事业成果,还包括在坚守工作岗位中发挥自己应有的价值。为此,潘保春常常在讲座中建议想要创业的年轻人,要科学地看待创业、慎重地选择创业方向。"知道什么是自己真正喜爱的工作,并坚持内心想要的,就是最适合自己的事业。"

潘保春的儿子是个性张扬的90后。谈到管教90后,"潘老爸"也有自己的妙招。潘保春认为90后也好,00后也罢,有个性总是好的,"个性是创新的源泉"。正是有了这样的认识,潘保春不仅对儿子采取任由个性发展的教育方式,而且对公司的年轻员工采取充分放权的管理模式。不过管理与教育也要有松有紧。于是潘保春分享了自己的"二字经",即"悟"与"度"二字。潘保春说,"悟"就是要培养思考问题的能力,而"度"则是指"能搞定自己"。回顾自己这些年的培育成果,潘保春脸上的喜悦便是最好的验证。

让生活学会呼吸

"君子务本,本立而道生。"君子要专心致力于做根本之事,根本确立了,道也就应运而生了。洗尽铅华,潘保春悟出了规律,同时也将自己从规律中释放了出来。这样的逻辑看着似乎很矛盾,实际上仍旧是循规蹈矩后的涅槃重生。

创业的过程教会了潘保春一个道理："我们创业，我们工作，我们经销各式各样的产品，我们思考出路解决问题，归根究底是为我们的生活服务。可是就在我们劳心劳力为生活服务的同时，我们却渐渐远离了生活，迷失了自己。"潘保春并不推崇人们一味地享受生活，只是希望给生活之外的人们一点提醒，忙碌中不要忘了放慢脚步，留心路边的风景。即使被现实击撞得体无完肤，也要牢记生活的真谛，懂得什么是真正适合自己的生活。

潘保春自然也有压力大的时候。这个时候，他会做两件事情：一是关掉手机给自己放假，将自己封闭在一家酒店内，优哉游哉，饱饱地休息后重新整理自己的思路；二是变身一个背包客或是选择自驾游，在有山有水的大自然中品味生活。

回归生活并不一定就意味着要在工作与生活中间做个取舍，或者分出个轻重。因为潘保春的生活里有工作，工作里有生活，工作已经成为他生活中不可或缺的一部分。他享受工作，更享受生活。每天在工作的忙碌中，潘保春才觉得自己的生活会呼吸。

张琳琳 做绝壁攀登的羚羊

说张琳琳是个闲不下来的人，毋宁说人生来就闲不下来。没有人喜欢清闲，之所以清闲，是因为没有找到方向，没有找到出口，或者暂时还没有来得及去找。

于是，寻找便成了一种状态，对于有目标、有想法、有求索的人来说，寻找更是一种常态，从未间歇过。

张琳琳的成功不是偶然，她的理念非常好。即使遭遇困难，她都心怀感恩。她说，人生的功课注定是在坦途与阳光中学不来的。所以，任何时候我们都要感谢艰辛与

1979年出生于新疆乌鲁木齐的张琳琳说，自己进入淘宝创业前的生活轨迹十分单一，一直在读书，读了两个硕士学位——社会学和行政管理。“2007 年硕士毕业后，我考入了一家高校，想当老师，但是相关专业只招博士，我就留在了行政岗。”这份工作在张琳琳的家人和朋友看来，非常不错，尤其是在当时严峻的就业形势下，周围人都觉得，这样的工作，又是事业编制，铁饭碗。读了这么多年的书，算是有个很好的归宿了。

但是张琳琳是个闲不下来的人，有“悠闲恐惧症”，她喜欢忙碌，把自己的日程排得满满的。她说，这一点主要是来自家庭的熏陶。她的父母都是事业型的，工作极其努力与投入。从小耳濡目染了他们的工作状态，所以她一直对自己要求特别严格，她笑称自己有“完美主义倾向，也有点革命浪漫主义情怀”。

自然而然的，初入事业单位的张琳琳特别不适应，工作清闲，与之前的生活状态完全不一样。每天早上一杯茶、一份报纸，熬钟点，坐到下班。她喜欢安静的生活，但也害怕一眼看到老。事业单位不温不火的环境慢慢软化着她的斗志，她觉得自己就像一只温水里的青蛙，老去，死去……坐在办公室里，她就这样思考着青蛙与自己，常会有种莫名的恐惧感。她渴望充实的生活，可以平静，但必须要有内容。生活越是安逸，她内心的这种呼唤就越强烈。

为了不让自己在满负罪恶感中沉沦下去，张琳琳决定在工作之余做兼职。一直喜欢在网上买东西的她，看着网上琳琅满目的宝

苦难。

心怀虔诚,秉持谦逊的态度,不断地学习,跟同行学,跟同事学,跟生活学,跟实践学,这是在一开始选择出发的时候便注定的。能学多少、学多久,便决定创业能走多久、走多远。睿智的人都明了,一旦学习停止,相应的结果不是停止,而是倒退。所以说,真正领悟创业内涵之人都知道,创业无止境,此路不回头。前行再前行,坚定再坚定。

贝,觉得自己也可以试试。没有特别远大的目标,只是为了充实生活,也算是在电子商务发展迅猛的时代体验一把,做个尝试。

张琳琳一直对服装搭配有很浓的兴趣,对色彩有一种女性与生俱来的敏感与热爱。在学校里就一直喜欢帮周围同学参谋穿衣打扮,只是一直待在校园里,学着中规中矩的文科,写着中规中矩的论文,没有场合让她这方面的特长得以施展。既然决定开店,她首先就想到了做服装。多方找了货源之后,进了一批被批发商吹得很米兰很巴黎的一堆衣服。可见到实物之后, 心一下就凉透了……这批货张琳琳一件也没卖。她认为,连自己都不喜欢的东西,是绝对不能出售给别人的。当时的她非常难过,情绪很低落,这是她走出校门后第一次尝试做生意,还是兼职,朝九晚五之外,天天熬夜学习拍照、作图……本来还一派斗志昂扬,投入了极大的感情。她想,也许自己把开网店想得太简单、太浪漫了,现实本来就是无情和残酷的。

这次的挫折,让张琳琳清醒、冷静了很多。胆大与魄力固然重要,细心与理性同样也不可缺少。她这样想着,便心怀感恩地去看待这一开始的小苦难。有些功课注定是在坦途与阳光中学不来的。

此事之后,张琳琳转而开始试销货源相对好找的宝贝。后来证明,路走对了。开始卖围巾确实也有些"无心插柳"。张琳琳自己就是个标准的围巾爱好者,按她的说法是属于准"达人"类型的。她没卖围巾前就拥有各式各样的围巾、披肩。在学校念书的时候,读文科的她有大把的时间, 每天临睡前都会对着镜子挑选第二天要配的围巾和衣服。她说这要感谢她的母亲, 一直很支持女儿的这种"臭美",每年都会帮她挑选各式的美丽围巾或披肩,寄给远在安徽读书的她。这里不得不提到张琳琳的家乡——新疆。新疆盛产围巾及围巾的原料——羊绒、羊毛。所以,她开始卖围巾的选择其实也是"偶然中的必然",也是"资源决定货源"的道理。她的资源就是她的家乡以及一直以来对围巾的特殊情感。

2008年 7 月 5 日,张琳琳创立了她的淘宝店铺——羚羊早安。取名羚羊早安,是受启于非洲大草原上狮子和羚羊的励志故事。每天清晨,向太阳道一声早安,为生存而奔跑。她也希望自己能如羚羊般执着、坚韧、积极向上。最开始出售的,都是闲置的围巾及其他饰品。当时每卖掉一件宝贝的兴奋，现在回想起来张琳琳都觉得很满足。淘宝的前几单生意，让她非常开心。她甚至觉得这世上最悦耳的声音就是旺旺的叮咚。

接下来的日子，张琳琳就把自己所有的业余时间都给了淘宝。白天正常上班，晚上回家，连吃饭的速度都加快了，争分夺秒。每天忙完，抬眼看表，常常是凌晨两三点。其实最先开始并不是因为生意忙，而是因为要在淘宝大学学习基础知识，常常一坐就是七八个小时，一动不动。拍照、作图、上货……这些从未知到已知的过程是非常考验毅力和恒心的。想要开店，这一关是绕不过去的。

张琳琳始终坚信着一点："机遇总是给有准备的人。"因此，一开始没生意、无人问津的时候，她并没有丝毫地懈怠，学习学习再学习，看别人的店铺都是怎么做的。"他山之石，可以攻玉"，她从每一个细节着手，尽一切可能地做到完美，一张图片、一个 LOGO，以及客服的每句言语都做到极致。做客服时，每当遇到需要她帮忙推荐参考的，她总是不遗余力，从年龄、发型、职业等等方面，尽可能地帮买家选到满意的。她在意整体中的任何细节，她相信，这些都是积累。

张琳琳说，淘宝是个卧虎藏龙的地方，来淘宝，必须带着谦逊的态度。无论你是硕士也好，博士也好，需要学的知识实在很多，有小学生的态度，才会学得深入、学得扎实，也才会真正有所收获。态度是核心，决定一切，慵懒的态度比苛刻的外部条件更加致命。

随着淘宝店的生意越来越好，2008 年 9 月，张琳琳在一片置疑与反对声中，向单位提交了辞职申请，一心一意专注网店经营。从此，她的生活完全变了一个样，二十多年养成的午休习惯，从此再也没有过。至于其他零零碎碎的小滋润，比如购物、美食、逛街、打网球……全都封存在记忆里。甚至连睡足一个饱觉，都是奢望，生意忙的时候，早上起来连脸都没空洗。这期间因为过度疲劳，累病了好几次，打吊水的时候都尽量让水滴速度加快。有一次，一个青岛的买家说围巾有色差，给了中评，张琳琳立刻打电话给她，向她道歉。张琳琳一直觉得，大多数买家都是通情达理的，只要真诚沟通，对方大多都会理解。可是没想到这个买家的态度特别强硬，第二次再打电话的时候，买家张口说话就很伤人，没等张琳琳开口，就直接把电话挂了，张琳琳拿着电话，眼泪止不住地掉了下来，站在阳台上，任冷风吹着。

哭过之后，第二天，她又拿起了电话，挫败反而激起了她的斗志。她说，既然自比羚羊，就要有羚羊的韧劲。

2009年1月，爆发式发展的羚羊早安升级为皇冠店铺，而此时，危机也接踵而至。主营围巾、披肩的店铺在这一年的春夏遭遇了第一次淡季。张琳琳在慌乱中想到买些箱包解围。可对围巾有深入了解的她却因为对箱包市场不够了解而产生了大量的退货。那段时间，她进货被骂哭，每天穿行于市场看别人脸色，晚上就住在廉价的旅馆。她彷徨过，甚至思考过放弃稳定的工作是否值得。但是，软弱是暂时的，当太阳再次升起的时候，羚羊又开始奔跑前行。

羚羊早安的围巾生产工厂，集中于羊毛、羊绒产出地——内蒙古。内蒙古生产围巾的工厂，一直多以出口订单为主。2008年、2009年金融危机席卷全球，一家以出口为生存基础的围巾工厂，约有100名员工，当时已难以为继。张琳琳与这家工厂的合作与签订的订单，有如雪中送炭，及时挽救了这家濒临倒闭的企业，也为这家企业由出口向内销产品的转型与优化提供了很好的契机。

如今的羚羊早安，已经是淘宝服饰配件类目排名第一的店铺。被张琳琳称为“羊村”的公司已拥有50余名“小羊”。羚羊早安是2011年12月安徽省唯一一家单月销售额突破1000万的淘宝卖家，全年业绩接近1个亿。在三年多的创业过程中，张琳琳和她带领的“羊村”，赢得了无数的赞赏与荣誉：2009年被评为淘宝十大创业先锋、七大传奇卖家；2010年8月入围“全球十佳网商”30强，荣获“最具创业精神网商”称号；2010年获安徽省首届青年创业大赛总冠军，入围阿里巴巴精英企业家10强；2011年淘宝服装配饰类目TOP1、2011年度合肥十大经济人物等。在如此多的荣誉面前，张琳琳没有丝毫的骄傲，她明白，自己的路还很长。

张琳琳在创业的同时也不忘回报社会，积极探索新的、能够带动并帮助更多的人创业的模式。2010年，羚羊早安的网店克隆模式“羚羊早安网店创业园项目”获得了安徽省首届青年创业大赛冠军，帮助青年人降低了创业门槛及风险，实实在在地扶持了周围很多青年人共同开网店创业，并获得收益，吸纳了更多人就业。

羚羊早安店铺的底部有这样一句话："世事无常，充满未完待续，就算貌似尽头，可能刚过中庭。"这其实就是张琳琳创业生活的真实写照——如羚羊一般，坚韧、不妥协，永远保持着奔行在路上的姿态。

刘伟 男人，逼自己前行

创业很丰满，现实很骨感。刘伟的创业成功更多的是逼出来的。危机四伏，退路全无，只得奋力前行，做生死一搏，创业至此，多了些许豪迈、悲壮。不是所有人都能承受，都有机会亲历这样一种心路历程的。试想一下，在刘伟决定放弃银行铁饭碗的时候，他能想到会遭受接踵而至的变故与跌宕吗？当然不会。用他自己的话说，失意之时他也曾百般懊悔，可是懊悔又有何用？这个时候，放弃也不失为一种选择。可在刘伟懊悔之余，更多的是不甘，这才是最重要的。实践

刘伟的霸气是内敛的，含而弗露，不怒自威。那习惯性抿起的嘴唇，让这个44岁的皖北男人身上散发出一丝“狠”劲儿。然而这种“霸”与“狠”，更多地是针对自己。创业以来，每遇挫折艰辛，他就借此“逢山修路，遇水架桥”；人生征途上，他逼迫着自己，向成功前行不止。

摔了铁饭碗

刘伟原本是捧了铁饭碗的。1988年，20岁的他考入宿州市建设银行，在那个年代，整天“跟钱打交道”的银行职员是极令人眼羡的，工作稳定，且收入不菲。由于工作能力强，加上为人处世细心谨慎，短短一年之后，刘伟便被提拔为筹资股长。此后，他的岗位流转各部，先后从事过筹资、计划、信贷等多项工作，后来组织上看中他的管理协调能力，于是任命他为汴河办事处主任。在建行工作的十余年里，刘伟风生水起，领导欣赏其才干，下属敬服其为人，可谓是前途无量。然而，这样一只捧得稳稳当当的铁饭碗，被他亲手给摔了。

2003年，像彼时的许多单位一样，建行也开始实行买断政策，就在其他员工都在想方设法留下来的时候，刘伟却出人意料地主动要求买断。领导挽留，同事不解，家人更是为此感到痛惜、愤怒。母亲用颤巍巍的声音质问他：“你是不是傻了？疯了？”对此，当时已

过而立之年的刘伟有自己的想法。“很多人只看到现在工作的稳定与利益，却看不到其背后隐藏的约束，看不到限制未来发展的狭隘空间。”刘伟说，“贪图眼前的安逸平稳容易，但我想，我要的远不止这些。男人应该对自己狠一些，决绝一些。”

在长期与众多企业的业务往来中，刘伟接触过形形色色的管理者，这些人的创业故事与企业运营管理经验极大地丰富着他的眼界、见识，同时也撩拨着他那颗不安分的心。“我也想拥有自己的事业。”

2004年，离开建行的刘伟应朋友之邀，拿着建行发下的10万元买断金入股宿州市路桥工程公司，并出任副总经理一职。这是当地一家知名的国企，经济实力与资质都颇为雄厚。“当时就是想自己搞工程建设，到宿州路桥这样工程项目多的企业可以迅速积累相关经验，为自己的事业打好基础。”

就在刘伟新官上任，踌躇满志准备大干一场的时候，变故突生。

中，决心决定了你能走多远、能否在逆境中成功，甚至是逆转。事实上，赌的就是这口气，气在就一定要出，气出之时，便是羽化之时。回首烟波，跃马远天。

给自己的“军令状”

刘伟进入宿州路桥工程公司之时，恰逢该企业准备改制。改制在带来机遇的同时，也会诱发种种不稳定的因素。2005年，该企业改制确认失败，之前长期积累下来的各种矛盾纷纷浮出水面，加之企业一把手偏偏在此时因故离职，风雨欲来，大厦将倾。

那段时间，刘伟忙得焦头烂额。企业内忧外患，人心惶惶，千余名员工等待安置，经济、人事纠纷不断，“那时整天四处奔走，去法院的次数最多，有时候一天要连续开四个庭。”身体上的疲累不算什么，让刘伟备受煎熬的是内心无法抑制的挫败感。从入司之初的雄心万丈到此时的回天乏力，“心情真是一落千丈，甚至觉得有些绝望。”忆及那段心路历程，刘伟长吁了一口气，仿佛至今仍能真切地体会到那种深沉的压抑。公司倒了，股金打了水漂，母亲数落，妻子抱怨。当初留在了建行的同事也问他：“后悔吗？”

“后悔吗？”那段日子里，刘伟夜不能寐，酒入愁肠之时，不止一次地问过自己这个问题。“说实话，心里确实后悔了，但更多的是强烈地不甘！”在又一次面对母亲的唠叨时，刘伟的狠劲儿再次无可抑制地迸发出来，他对母亲吼道：“现在只有两个结果可以选择，要么把事情再干起来，干好起来！要么，我就从楼上跳下去！”这是刘伟郁闷许久之后的一次宣泄，也是他给自己立下的一道“军令状”。

“军令状”之下，有进无退。

2006年6月，刘伟借贷600万元注册了安徽省宿州市金路建设有限公司，接收了原宿州市路桥工程有限公司的大部分骨干员工，他自己出任董事长。“这些老员工信任我，愿意跟着我一起干，我就要为他们的生计前途承担起责任。”金路建设公司依然主营路桥建设工程项目。“从哪里跌倒，我就要从哪里爬起来！”刘伟的心里仿佛憋着一团火。

跌宕起伏终成功

幸运之神又一次跟刘伟玩起了“躲猫猫”。

公司注册运营后，在长达一年的时间里，在30多个工程项目的竞标中，刘伟无一命中。公司建立之初的豪言壮语言犹在耳，运营一年不仅寸利未进，仅竞标保证金就让五六十万白白打了水漂。许多员工选择了离开，其中包括刘伟甚为倚重的几个铁哥们，一时间公司内部人心浮动，大有朝不保夕之感。“那段时间刘总瘦了几十斤，整个人憔悴得不行，不到40岁的人，看上去跟五六十岁一样。”一位员工回忆说。

事情终于有了转机。2008年中旬，蚌埠固镇的一个修路的项目竞标告捷，虽然只是个100多万的小项目，利润微乎其微，可刘伟还是召集公司员工庆祝了一番。“那时候投标已经投得麻木了，破罐子破摔一样，逮到就投，也没抱什么希望，突然得知中标了，就好像在一片黑暗中看到一丝光亮一样，心里太激动了！”头彩之后，幸运的天平真的开始向刘伟倾斜，几个月之内，宿州金路建设公司又连续中了五六个标，手里有了项目，人心迅速稳定下来，公司的运营开始步入正轨。短短两年时间，宿州金路建设公司已经在池州、蚌埠、阜阳、亳州、舒城、安庆等多个地市有了在建、已建项目共20多个。2010年下半年，刘伟还开辟省外市场，江苏的一个5000多万元的项目已经被顺利拿下。

如今，刘伟白手起家创立的安徽省宿州市金路建设有限公司拥有公路施工总承包二级资质，经营项目包括了公路、桥梁工程、市政工程、房地产开发、房屋建筑施工、工程机械租赁、建筑材料销售等多个领域，注册资本6000多万，总资产1亿多元。然而对于刘伟的目标来说，这些还远远不够。

“时刻战战兢兢，谦虚谨慎；永远如临深渊，如履薄冰。”这是刘伟为公司定下的生存理念。实际上，刘伟的爱好非常广泛，他喜欢唱歌，喜欢跳舞，是游泳健将，还下得一手好棋。但他最爱做也最常做的，却是坐在办公室里检查报表。

“我们要在三年之内，把项目做到全国。”这是刘伟的野心。为了实现这个目标，他不介意让自己累一些，一如既往地狠狠压榨着自己，逼迫自己向着未来的一个又一个成功，不断前行。

人生能有多少个20年，这20年对于曲建来说是丰富多彩的。所有的所有，都是围绕建筑设计这一中心，基于自己的爱好。由此可见，坚守自己的兴趣所在，定能绽放青春花朵。

曲建的新在于艺术的品质，没有新意的设计永远不能称之为作品。艺术、设计对于创新、创意有着极其苛刻的要求，同样，自己对自己的要求，也是自己创业的底线。

一个人的世界有许多思想的火花、灵感、传承和发现都是在静处中得来的。蜕去樊篱，尽

“曲建 奏响凝固的音乐”

他是科班出身，怀揣儿时的梦想，20年如一日致力于徽派建筑的研究与实践，被业界誉为“系统设计倡导者”、“徽派建筑与理论实践专家”。

他是中国美术家协会会员，笔下的山水栩栩如生、跃然纸上。

他就是曲建，国家一级注册建筑师，安徽艺源建筑艺术设计有限责任公司董事长。当然，他还有另外一个称谓：画家。

曲建的外表一如他所从事的建筑业一样，含蓄而干练，不事张扬。但当你走近曲建，和他坐下来聊天，谈他的事业和经历时，你便会从他睿智的言语和激扬的精神里感受到他对艺术的热爱以及对建筑事业的独特理解。同时，你也就不会对他今天取得的骄人成绩感到惊奇。

成就经典

2011年11月8日，在“安徽农业大学全国农科教结合南方中心”特大型建筑设计项目全国招标会上，艺源一举挫败来自全国重点高等院校，以及广东省深圳市等地的设计界诸多强手，成功竞标。

结合地域特色，从徽文化的历史文脉着手，强调低碳、环境保护、节能和可持续发展的理念……招标会上，短短15分钟的阐述，曲建和他的团队的设计方案博得了专家评委及业主的大加赞赏，

显本真，求真当真不易。

赢得了“视角独特”的评语和得分最高的好成绩。

一个在外人看来，艺源仅是一家本土发展起来的民营建筑设计公司，在与国内顶级同行“过招”，与业内王牌企业“博弈”中，以完胜而告终，注定令人难忘。

事实上，早在此之前，艺源已经名声在外，其设计的作品多次在全国及省内获得大奖。位于合肥市一环路之内、主干道长江中路上的中国银行安徽省分行大厦这一建筑设计项目，便是其掌门人曲建的早期代表作之一。该项目在大楼门前的广场将叠落水面作为联系广场和主入口的过渡空间，营业大厅内的中庭设计及多项屋顶花园的设计手法，均开创了合肥地区建筑设计的先河。这一建筑成为合肥市的地标，历经20年风雨的洗礼，至今看上去也不过时。类似的杰作不胜枚举。而时隔20年，在继2010年中标合肥市科技农村商业银行办公大楼项目之后，艺源再次中标合肥市一环路以内大型项目，打破了“本土企业基本承接不了本土重大项目”这一瓶颈，彰显着曲建和艺源的大家风范。

然而，一个好的创意，一件优秀的作品，不仅需要精湛的理论与扎实的功底做支撑，更得益于岁月的积累与沉淀。而这些都是曲建身上所具备的。

追梦岁月

曲建的父亲是南下干部，在公安战线上颇有建树。他曾希望儿子长大后接班从政。而曲建却偏偏喜欢上了绘画，并深深迷上了厚重的徽文化，走上建筑设计的艰辛之旅。

大学期间的曲建，一门心思投入到专业知识的学习中。经过学习、研究，曲建发现，徽派建筑的群体、单体和室内各具特色。“如果能把这些文化进行融合，形成自身的设计理念，该有多好。”此时的曲建更加坚定了他的理想，并立志往这方面发展。

良好的基础、浓厚的兴趣，加上忘我的付出，使得曲建的专业知识扎实、实务能力突出，成为令同龄人羡慕的佼佼者。

1986年，毕业于合肥工业大学建筑学专业的曲建由于德才兼备、表现优异，获得了全年级唯一一个留校工作的机会。即便在如此优厚的条件面前,当时的曲建仍有两个去向可供选择:一是在系里当教师,一是去学校的设计院。

不假任何思索的曲建,毫不犹豫地选择了后者。至于原因,他说,传道授业,为人师表,那是“太阳下最光辉的职业”。但是,他更希望自己多出一些设计作品,去实现儿时的梦想。

就这样,他留在了合肥工业大学建筑设计研究院工作,不费吹灰之力便找到了自己的铁饭碗。此后,曲建更是一帆风顺——22岁任设计室副主任,是院里最年轻的、不可或缺的骨干建筑师之一,多次受到学院表彰; 1995年,设计院决定组建公司,承接校内外工程的建筑设计与装饰工程;28岁的曲建以“最优秀、最具竞争力的青年”被推选为公司法定代表人兼总经理。

在同学、朋友的眼中,与他们年纪相仿的曲建似乎总是春风得意。事实上,他的付出超出了常人的许多倍。

奏响凝固音乐

曲建在执掌公司运作期间,公司的经营风生水起。而学校相对保守的体制,使得此时的曲建有一种无所适从的感觉,并且随着时间的推移,这种感觉愈加明显。

在常人看来,背靠合肥工业大学这棵大树,正常发展,教授、高级工程师等桂冠会接踵而至。但是,“海阔凭鱼跃,天高任鸟飞”,曲建并不满足于现状,他想换一种活法。于是,他顶着来自家庭、老师、朋友等多方面的压力,毅然辞去了自己的铁饭碗,决定下海闯荡,自己创业。

经过筹备,安徽艺源建筑艺术设计有限责任公司于1997年成立。取名“艺源”,就是立志“植根艺术沃土,奏响凝固音乐”。

创业远非曲建想得那么简单。脱离了学校这棵大树,承接业务十分困难。“开弓没有回头箭”的道理曲建是懂的,但他选择执着前行。

市场充斥着浮躁,而曲建并没有因为公司的业务上不去而气馁。他提倡用创新的思维去设计,摒弃千楼一式,打造时代建筑,力求让建筑充满生命、彰显活力。功夫不负有心人,独特的设计理念、严谨的设计作风、敢为人先的竞争实力，使其作品逐渐被业界和客户认同，并在省内外重大项目的竞标中屡屡得胜。

挥汗播霖，春华秋实。从1996年到现在，艺源的发展从一无所有到现在年产值几千万元，每年承接的大型设计与施工项目几十项，其中有多个项目入选《中国建筑四十年——建筑设计精选》大型中英文画册。在目前市场不景气的情况下，艺源的发展简史简直就是一部激动人心的交响乐。

如今，艺源先后在美国纽约州注册了美国YYA建筑与环境设计有限公司，在香港注册了艺源建筑设计(香港)有限公司，在上海市成立了建筑设计创作中心，在福建省厦门市、安徽省安庆市成立了分公司。2012年，艺源公司总部将搬进即将落成的安徽国际金融中心(IFC)里，这预示着艺源将立足新的起点，实现更大的发展。

绘于心田

身为一家拥有数百名员工的公司掌门人，无论平时多么繁忙，曲建从没将最初的爱好——画画丢下。

每一天，无论是否在外面应酬，晚上到了家里，他总是摊开纸笔，轻磨砚台。漆黑的夜里，他沉浸于潜心创作的美好时光里；有时候，他一画就忘记了时间，画到天亮，是常有的事。

每年，他总要抽出一定的时间去皖南，一个人，背起行囊，带上心爱的相机，去写生、去创作、去大自然找寻灵感……

作为安徽省美术家协会水彩画艺术委员会秘书长，曲建用一次次在全国美展的获奖证明了他在纯艺术上的不断进步。

岁月似一个神偷，不经意间，丝丝白发已爬上他的双鬓。而曲建致力于徽派建筑研究与实践的梦想，一刻也未曾改变过。

“努力打造建筑学、环境艺术学、美术学的有机结合，传承、发扬徽派艺术，对城市建设贡献自己的一份力量。”这是曲建对自己的要求。

谈及艺源的未来，他说，第一步，搬进新的办公环境；下一步，继续寻求与优秀地产企业的合作，进行资源整合，在条件成熟的情况下,对公司进行股份化改造并谋求上市。

谈及自己的打算，他希望自己能从日常繁忙的业务中解脱出来,将更多的精力投入到徽派建筑设计的研究中。此外就是潜心绘画,广交朋友。

“忠实于人,诚信于世,责任于社会。”在曲建的工作笔记上,这13个字工整地写在扉页上,这是他对艺源提出的要求,也是他的为人处世之道。

蒋智谋 徽商“状元郎”

闯出一片事业的天空，拥有自己的一番事业，这是每个人多多少少有过的梦想。怎样才能让美梦成真呢？不满30岁的蒋智谋用他在电子科技领域的创新和对公益事业的付出，演绎了一段“状元郎”快速发展的传奇。

蒋智谋，“状元郎”品牌创始人，现任深圳状元郎电子有限公司董事长、安徽状元郎电子科技有限公司总经理、状元郎（杭州）信息技术有限公司董事，安徽电子学具品牌开创者，安徽大学大学生创业导师，肥西县青年企业家协会副会长。

2004年，蒋智谋从安徽理工大学毕业后，立即投身教育电子行业，进入深圳浩伴电子集团。与所有的刚毕业的大学生一样，蒋智谋也是从做业务开始。“当时，别人想着周末休息，而我想的是周末如何加班；别人愁着拜访一个客户，我想着拜访两个或更多的客户。”付出总有回报，当时，让蒋智谋最骄傲的是“上班的第一个月我挣回来我大学一年交的6000元的学费。当我还上助学贷款时，我们学校的领导很惊讶”。2006年，蒋智谋担任集团市场总监。

在企业里的锻炼，为蒋智谋以后的创业之路打下了坚实的基础。经过四年的磨炼和积淀以及精心地筹划和运作，2007年，蒋智谋筹备创业，于2008年正式创建深圳状元郎电子有限公司，依托深圳大学搞研发。同年，蒋智谋注册“状元郎”品牌，主营教育电子产品及教育装备。“2008年是我转折的一年，也是最困难的一年。因为研发、生产、销售团队的建设都在这一年内完成。”蒋智谋说。

“别人愁着拜访一个客户，我想着拜访两个或者更多的客户。”没有任何成功和收获是偶然的，这便是做事的态度。成功往往就在坚守的下一秒，守住一份艰难，下一站便是天后。

“谁言寸草心，报得三春晖”。蒋智谋用实践回报教育，用自己的所学为教育事业做贡献，这是一种最为直接的反哺。

行业市场细分也是创新，电子作业涉及生产生活各领域。然而，蒋智谋却潜心教育电子事业，填补本土行业领域的空白，率先占领高地。一个“新”字，一个“先”字，让他能够如鱼得水，左右逢源。这样，成功便不觉得奇怪。

2009年，“状元郎”已在全国设立五个办事处。

作为自主创业、打拼的安徽人，蒋智谋一直有一个梦想：为家乡的教育事业发展贡献一份力量。通过积极的努力，2010年，他注册安徽状元郎电子科技有限公司。安徽“状元郎”的成立，有效填补了我省教育电子行业的空白，成为合肥市首家研发、生产学习机、电子教育产品整体解决方案的企业。2011年3月，蒋智谋在浙江省杭州市成立状元郎(杭州)信息技术有限公司，并成功获得产品外观及计算机软件著作权等多项专利注册。现在，安徽“状元郎”已经在合肥市高新技术产业开发区和经济技术开发区购置两处高科技电子厂房和办公科技楼。不断地努力换来的是“状元郎”坚实的脚步和逐渐累积的资本。

在蒋智谋的带领下，“状元郎”有了突飞猛进的发展：2009年，营业额突破2000万元；2010年突破3000万元；2011年是8000万元。

蒋智谋说，“状元郎” 的目标是让所有的学生都以最低的价格用上最好的学习用品，让所有的教育部门花最少的费用买到最好的教育装备，将“状元郎”打造成为中国教育电子行业的第一品牌。在蒋智谋心里，科大讯飞是榜样。“带领我的团队把企业做成安徽的知名企业，做徽商中的标杆企业是我的目标。”未来三年，蒋智谋立志打造一支优秀的管理团队，建立一套规范、高效的管理制度，铸就一个卓越的营销和服务体系，为企业上市奠定坚实的基础。

虽然起初只是一棵小草，却有顶破石板的顽强力量。当今天已成为一棵大树，仍不忘播撒更多的荫凉。这正是蒋智谋的真实写照。

2012年，我省七个市的学校有共计价值100多万元的72块交互式电子白板将正式使用，这只是蒋智谋无数次捐赠的一次。作为一家高科技企业的带头人，蒋智谋具有强烈的历史使命感和社会责任心，始终不忘回报社会、奉献社会。这些年来，蒋智谋已经免费向全国各市、县的中小学生捐赠了价值千万元的数码学习产品，向各市、县教育局、学校捐赠价值数百万元的教学用品和学习用品。

胡生智 商海的"士兵突击"

柳传志、郭凡生、王石、任志强,这些企业家都有一个共性,就是当过兵。铜陵的胡生智是一个典型的军人企业家,尽管他没有上述企业家声名显赫,但是,从创办服装厂到涉足环保产业,"不抛弃、不放弃"的军人精神助他走向成功。

现为安徽金源流体控制技术有限公司董事长的胡生智有着丰富的人生经历:1991 年至 1994 年服役于湖北省武警支队;1995 年至 1997 年就职于铜陵县职业高中任军事教官;1997 年至 2002 年任铜陵科慧教学用品有限公司销售副总,负责国内北方区的销售和管理;2003 年创立隆鑫服饰有限公司,任总经理;2008 年创立安徽金源流体控制技术有限公司,任董事长。

在湖北武汉武警五支队 4 年的军旅生活锤炼了胡生智钢铁般的军人意志和为人果断刚毅的处事风格。1993 年,他加入中国共产党,退役后的 18 年,他始终保持坚强的党性、严谨的工作作风和无私的奉献精神。退役后,胡生智任军事教官期间,为铜陵县职业高中培养了一批高素质的军事学员,得到在校师生的高度褒扬。

销售冠军的首次创业

为实现人生更大的价值,胡生智放弃了他热爱的教官工作,走进企业,从基层岗位做起,以实现自身所追求的目标。

铜陵县科慧教学用品有限公司是安徽省教体局下属实体企

每一次转型都意味着放弃,胡生智正是在一次次的放弃中不断蜕变、成长,终于找到属于自己的土壤和平台。放弃是需要勇气的,尤其是放弃一个实体,或者悉心经营的一个公司,那是需要魄力的。想来,在决定放弃的那一刻,胡生智也不能百分百超脱,但是求通必思变,心不变才引大患。

也许是信念在助推胡生智不断走向成功。坚毅、耐磨、经得起摔打,都是创业路上的险阻艰难,即使一无所有,他同样野心勃勃。

业,当时在省内教学用品市场的占有率较高,但在国内北方市场的推广力度有所欠缺。喜欢挑战的胡生智挑起这个担子,喝着凉水、啃着大馍,一出差就几个月,在开拓市场期间顶着家人的抱怨和客户的冷眼,依然锲而不舍、孜孜不倦。终于,他拿下了一单又一单的销售合同并巩固了北方市场这个阵地, 销售业绩第一年就创造了公司奇迹。由于成绩突出,胡生智被科慧公司破格任命为北方区销售副总。在胡生智的带领下,北方区销售业绩连续4年稳居公司销售榜首位,为公司在北方市场树立了良好的品牌形象,更为公司创造了巨大的经济效益。

胡生智说,在做销售期间,仅有气氛和执着还是不够的。马云的关于销售理念很有借鉴意义:销售人员不要盯着客户口袋里的5块钱,应该负责帮客户把口袋里的5块钱变成50块钱,然后再从中拿出5块钱。如果客户就有5块钱,你把钱拿来,他可能就完了,然后你再去找新的客户,那就是骗钱。帮助客户成功是销售人员的使命! 也正因为有着类似于马云的这种理念,促进了胡生智的成功。

2003年初,胡生智再次放弃了优厚的待遇,决定自主创业。他租赁厂房,购置设备办起了服装厂,成立了自己的隆鑫服饰公司。至2007年,隆鑫服饰实现营业收入3000多万元,上缴利税数百万元,解决当地就业人数200余人,成为铜陵县非公有制企业纳税大户,同时也为胡生智更大的创业积累了第一桶金。

事业初成, 思维冷静的胡生智敏锐地意识到金融危机将给服装行业带来巨大的生存威胁,企业必须转型向新的行业发展。

二次创业走进水行业

就在这时, 胡生智看到了一份资料: 据相关资料统计,“十一五”期间,国内水工业设备的需求量将超过1000亿元,仅泵站设备就达150亿元。这给了他很大的启发,2008年11月,胡生智在政府相关部门的支持下,做好充分市场调研,整合资源优势,抓住难得的发展契机成立了安徽金源流体控制技术有限公司。

金源的路该怎么走,这也是胡生智一直思考的问题。新企业,新思路,新起点!把新企业做大做强不能靠一个人单打独斗,必须寻求一个强有力的经营团队。人才是企业的根本,新公司聘请了有近20年水处理设备行业工作经验的市场策划专家为公司总经理,同时聘请了具有硕士研究生等高学历的营销和企业管理方面的精英加入团队。公司做出打破传统企业大生产小经营的经营模式,推行小生产大经营的经营理念,一开始就注重营销网络体系建设。现在,不仅已在广州、武汉、成都、兰州、天津、长春等地设立了办事处,更把市场网络布局到省,并将进一步细化到地市级。通过构筑大营销平台,为企业今后的大发展奠定基础,胡生智要把金源做成行业领先的品牌。

胡生智的第二次创业,让我们看到了他与众不同的眼界。眼界意味着什么?胡生智说:“开阔的眼界意味着你不但在创业伊始可以有一个比别人更好的起步,有时候它甚至可以挽救你和你企业的命运。”眼界的作用,不仅表现在创业者的创业之初,它会一直贯穿于创业者的整个创业历程。的确,一个创业者的眼界有多宽,他的事业也就会有多大。

经过一年的前期筹备,2009年,公司正式投产。到2010年,短短2年时间就实现了销售收入6500万元,上缴利税数百万。员工平均收入在同行业、同地区位列前茅。

胡生智清新地认识到,产品的核心竞争力在于创新,在他的带领下,公司积极研发、生产具有核心竞争力的高端产品,提高公司市场竞争能力。目前,公司下设的研发中心,正在由从事水行业20余年经验的高级工程师带领公司技术人员开展新产品开发工作,公司正在研发的电动液控速闭闸获得了科研专家的高度认可,已与上海交通大学等科研院所初步达成共识,将电动液控速闭闸作为“863”科研项目。上海交通大学的共同参与为产品提供科学的理论依据,通过金源的平台转换为成果,使其成为金源的核心技术,促进金源向高新技术企业发展,充分实现了产、学、研结合这种方式的科技成果转换。

为加强与国外同类企业的合作,公司积极引进国外先进的技术与管理经验,先后与美国泰科流体、Eone公司、德国Homa水泵、费亚泰克管件公司等国际知名企业初步达成合作意向,有关合作细节正在进一步商谈之中。这些都为今后公司实现全球化战略打下坚实的基础。与此同时,正在筹建的金源流体控制产业园已被当地政府列为“861”重点建设项目,并以水行业设备为主体大力引进投资,建设泵、阀、水处理设备项目生产区,形成产业集群,快速提升金源在水行业的影响力,推动铜陵企业在水工业行业的发展。现在,公司一期170亩金源管业基建已动工建设,2011年末,16000平方米的一号厂房竣工,2012年正式投产。

永葆军人形象

胡生智在行业内的突出成绩也得到了领导和社会的认可。2010年1月,铜陵市委书记姚玉舟莅临金源公司,对胡生智的经营理念给予充分肯定;铜陵市电视台、铜陵县电视台等多家媒体先后对金源公司作相关专题报道;2010年5月,胡生智获铜陵市第三届“铜都创业之星”荣誉称号。为了更好地提高自己的经营能力,2010年3月,胡生智参加了清华大学MBA培训班的学习。

致富不忘回报社会,几年来胡生智在捐资助学和社会公益事业捐资捐款达数10万元,同时也与铜陵学院等本地院校建立了长期合作,先后解决了30多名学生的就业问题,今后还将解决更多本地大学生的就业问题。在回报社会的同时,胡生智不忘在企业的生产经营当中注重对人才的培养,积极做好引进人才工作,为企业的发展增添了活力。

虽然取得了巨大的成功,但是,在工作与生活中,胡生智依然时时刻刻按共产党员和军人的标准严格要求自己。他在员工中树立了一个吃苦耐劳、平易近人的良好形象;在荣誉面前,他没有因此满足、安于现状,而是以一种不骄不躁、勤奋务实的先进形象示人。他表示,在今后的日子当中,他将努力为回报社会贡献自己的力量。

对创业,军人出身的胡生智有着独特的感受:创业最大的难,是未来有无限可能;最大的好,也在于此。创业最大的挑战,是在心智上;最大的敌人,是你自己。从这个意义上,创业是一个人精神上的成年礼。

王昌华 芜湖"草根"，沪皖"布网"

王昌华的创业成功验证了信息在当代社会的重要性，通则畅，畅则达。同时，他还提到一个新的概念，就是"信息效率"，即信息资源的使用度，让其充分"动"起来。如此说来，占有信息是根本，用好信息才是突破，否则还是空对空。

电子商务不是新鲜事物，但在运转、管理上都可以出新、出奇。王昌华做到了，模式的创新就会带来意想不到的收获和价值。

在工控自动化行业内，上海岚洋自动化系统工程有限公司有着良好的行业口碑。这不是因为它卖的工控产品质优价廉，也不是因为它有着良好的售后服务体系，使它闻名业内的根本原因是自公司创立以来，有一位出色的领头人带领全体员工由最初创业时仅有几个人的小企业一跃成为行业内有口皆碑的明星企业。这位出色的领头人就是上海市北工业园区商会执行委员，上海南陵经济发展促进协会执行委员，上海岚洋自动化系统工程有限公司、上海坤玛机电有限公司、芜湖坤玛网络有限公司总经理，365电器商城创始人王昌华。

逆境中顽强发展

初入职场，王昌华凭借出色的工作业绩和卓越的管理能力，仅用短短几年的时间，便完成了从基层人员到职业经理人的跨越。在这期间，他积累了丰富的管理经验，为今后的发展打下了坚实的基础。

近十年来，王昌华一直迈着坚实和创新的脚步：

2003年8月，王昌华意识到工控自动化行业潜藏了巨大商机，他毅然走上创业之路，成立了上海岚洋自动化系统工程有限公司。在他的带动下，公司以诚信经营为准则，以优质服务为信条，很快便在行业内建立了自己的品牌公信度。2005年，他当选为慧聪网该年度的行业十大精英人物之一。

2008年全球经济危机，面对市场重新划分、企业人员重组等问题，他没有被困难打倒，而是凭着一个热血青年的激情与干劲，凭着对人生的自信和果敢，凭着对事业的执着，转变自己的思维、总结行业的特点、探寻商业发展的规律，为企业的发展摸索一条新路。几个月日日夜夜的付出，以上海坤玛机电、上海岚洋自动化两家实体企业为支撑，以网络平台为基础的坤玛机电商城问世，打破了工业机电产品传统的营销模式。

同时，他率先在行业内创立了以特色服务为延伸的综合电子商务平台——365电器商城，他以网络平台为基础进行“价值销售”的经营理念，获得了业内人士的广泛认可。

2009年，在整个工控行业整体不景气的状况下，他带领公司在逆境中求发展，实现年销售总额的增长。

2010年初，王昌华积极响应国家政策，在芜湖高新技术产业开发区投资建设365电器商城呼叫中心，引进专业呼叫中心系统，将呼叫中心系统的客户资料和ERP系统的客户资料统一管理，基本建立了一个全方位的信息处理网络。同年5月，公司在他的带领下进行365电器商城的第一次改版，并确立商城采购外包的运营模式，帮助工业自动化企业实现“让采购也盈利”的经营理念。

2011年，王昌华依托365电器商城，与阿里巴巴、淘宝、万网合作成立外包服务中心，帮助传统中小型企业开展特色电子商务。

创新，无止境

王昌华始终保持高度的行业敏感性，他说：对于那些发展受限的中小型企业，由于自身条件的原因，更希望借助互联网平台帮其实现经营模式和盈利模式的变革。而365电器商城采购外包“让采购也盈利”的模式，避免了供应商和采购商之间的直接利益冲突，简化了客户采购流程，带来了高附加值和高流通性，必将取代传统的采购模式，成为未来企业控制成本、产生赢利的经营战略。

2011年7月，在接受《南方日报》的采访时，王昌华表示，农耕时代土地是资本，工业时代资金是资本，互联网时代信息是资本。

获取信息,提高信息效率,已成为一种挑战。把传统企业引入互联网,打破原有商业模式的信息不对称,提高信息的使用率,让积压资源动起来,这样可以有效控制成本,使企业健康发展。

依托365电器商城,王昌华提出"让采购也盈利"的经营模式,制订以采购外包"123计划"的经营理念:帮助企业降低10%的采购成本、降低20%的服务费用、减少30%的库存压力。

特色电商外包服务

365电器商城呼叫中心和芜湖坤玛网络相继成立后,已帮助各类中小企业通过运用电子商务有效提升企业竞争力,利于强化企业竞争优势,创造企业自主品牌,让他们能及时准确地把握市场信息、增加客户数量和销售额度、提高企业信息化水平、拓展商业渠道。王昌华还积极发展高端外包服务,健全远程呼叫、异地办公、信息管理、技术支持等商务活动网络。

坤玛网络与阿里巴巴、淘宝、万网合作,利用它们的成熟平台,结合企业自身资源,立足芜湖,首先帮助芜湖中小型企业开展特色电子商务活动。现在,已经为江、浙、沪几十家企业提供电子商务代运营业务(如婴秀母婴旗舰店、默语服装旗舰店、得福木地板旗舰店等)。在电子商务上推进,王昌华表示,希望能得到政府的支持,引导本区域像同福碗粥、傻子瓜子等知名传统企业加入。

王昌华说,这样做一方面是顺应经济发展趋势,有效加快芜湖中小企业的改革,加速产业结构的调整和升级;另一方面也是坤玛公司推动产业升级,完善及培育地区环境应尽的社会责任。他笑谈"把该模式向全省推广甚至覆盖全国,希望芜湖能够成为现代电子商务之都"。相信以王昌华这种自信和魄力,"笑谈"将不仅仅是"笑谈"。

"王道"文化

在谈到企业文化时,颇有儒商气质的王昌华用了"王道"这个词,那么,"王道"到底是什么?王昌华说,"王道"实质是以德行服人，讲究的是通过由内而外的修养，达到内圣外王的境界，孟子"以力假仁者霸，以德行仁者王"的论述较完整地阐释了霸道和"王道"的区别。企业经营"王道"之说应该是承载着深厚的中国文化积淀，蕴含着丰富的民族精华和人文理想的。

真正落实在现代企业的发展中，"王道" 又是什么呢？王昌华说，首先，既然企业存在的价值就在于为社会创造价值，作为企业家，首先要考虑的就是"我能为天下苍生创造什么价值"。现在有很多人要求企业尽社会责任，"王道"系统中，是将这种要求挪到创业之始的动机阶段的。

同时，"王道"应该始终与企业精神同在。企业精神是一个团体为达成特定任务，以有限的资源(人力、财力、物力、时间等)，利用有效地组织与管理，不断创新、改善等努力的挑战困难的过程，"王道"将渗透整个过程中。

树立企业形象

王昌华是一个极具社会责任感的企业家，曾先后两次亲自到汶川和玉树地震现场参与抗震救灾工作，并在汶川抗震救灾中被授予"优秀志愿者"荣誉称号，在玉树抗震救灾中受到温家宝总理和回良玉副总理的亲切接见和鼓励。

在王昌华的带领下，坤玛公司在不断提高企业经济效益的同时，始终以回馈社会为己任。根据发展情况，公司努力安排就业，不断扩大高校学生聘用人数。坤玛公司正努力实现其既定的战略目标和企业规划，更大程度上解决社会就业问题，并将为芜湖市带来巨大的经济效益和社会效益。

王大军 打造动漫大舞台

马鞍山视聆通软件园总经理王大军有着很多头衔：马鞍山市雨山区政协委员、马鞍山游戏动漫协会秘书长、马鞍山市贸促会副会长、马鞍山市电子竞技协会副会长、马鞍山市“重点企业创始人奖”获得者，并担任中国经理人 VIP 活动主办者、中国杭州动漫节活动大赛顾问、上海 CHINA JOY 大会大赛评委等社会职务。作为马鞍山市唯一的国家级动漫游戏基地，视聆通软件园吸引了 30 多家企业集聚发展，成功打造了视聆通动漫游戏基地，2010 年总产值超过 5 亿元。

执拗的叛逆者

王大军出身清贫，世代为农，勤劳善良的父母给了他坚忍的性情和强健的体魄。自小信奉“书中自有黄金屋”的王大军，学习刻苦，成绩优秀，从小学到高中都担任班干部，颇能服众，也深受老师喜欢。

1994 年，王大军考入巢湖学院，成为家乡方圆数十里唯一的大学生。由于志愿填报问题，他学的是他并不太心仪的美术专业，虽然应付学业绰绰有余，但他心里总是有种失落感。很快，他的空虚被书籍所占据，看书成为了他大学四年的最大爱好。他在阅读上涉猎广泛，但偏重于宏观经济和计算机。

毕业后，王大军被分配到家乡一所公办学校当教师，一家人欢

筑巢引凤，巢就凤至。这绝非守株待兔，而是主动地援引。王大军的经验告诉我们，创业之创是为创业者而创，为创业者打造基地、打造创业平台。而平台所带来的良性循环及连锁反应是不可估量的。他所带动的不是一个公司、一单生意，而是一个产业，并以蓬勃之势往上爬升，蔚为大观。

不做老师，放弃铁饭碗，毅然选择“北漂”，在常人眼中，他何其另类，可在他自己心中有他的追求和奋斗目标。那是我们常常谈之讳避的理想。所以，从一开

始，我们就必须明白，什么是我想要的，什么是己所不欲的。明辨是非，方能果断取舍，纵有天堑敢挡，不及骐骥一跃。

天喜地，但他却闷闷不乐，因为这不是他想要的生活。两年的教师生涯，伴随始终的是他与父母之间不断升级的矛盾。两年后的一个春日，王大军瞒着父母将自己的所有2万元钱积蓄全取出来，买了自己平生第一台电脑，留下一封简信，乘上北去的列车，奔向他所神往的北京去寻梦。没钱买座位票，他蜷缩在过道上，一宿未眠地呵护着那台宝贝电脑。一路的奔波，一路的辛酸，屡屡遭拒半年后，他才步入正轨，自此开始踏上自己的梦想之旅。

在北京，他先后任中国社会科学院中国工业与企业竞争力研究中心办公室主任、融资服务处处长，北京中营信业科技有限公司总裁，中营传媒集团业务总监，广东泰信实业有限公司北京分公司总经理，广州视聆通网络科技有限公司市场部经理。丰富的从业经历、扎实的专业理论、广泛的业内人脉，使王大军跃上了一个新的、更高的人生起点。

精进的先行者

2008年下半年，时任广州视聆通网络科技有限公司市场部经理的王大军，肩负公司市场开拓、产业转移的重托，他把目光投向了马鞍山，并开始组建马鞍山视聆通动漫基地。面对这方处女地，王大军开始无休止地奔走，为规划，为项目，为土地，为设备，为员工，也为一片瓷砖或一个纸杯。半年后，空中楼阁里的一切，在他的面前逐一呈现：先进的服务器、宽敞的办公室，还有那一张张激情四射的年轻脸庞，王大军的心里充盈着一种铁肩担道义的无限豪迈。

基地是初具雏形了，是先加紧研发原创产品，还是先吸引更多的企业互补发展？王大军决定打破IT行业常规，先亮出阵势，加强建设，筑巢引凤，把更多关联企业招进来，走出一条资源共享、产业互补、共同发展的新路。在王大军的运筹下，基地目前占地300余亩，其中建设用地和水面及绿化各占150亩。公司十分注重基地的基础及配套设施建设，预计2012年年底将建成10万平方米的办公用地，其中已经交付使用4万平方米办公楼。基地二期建设正在招商中，包括6万平方米的研发中心、培训中心、生活服务中心和动漫主题公园也将应运而生。

在“引凤”方面，王大军采取“走出去”和“请进来”相结合的方式，大力开展招商引智工作，两年来公司在香港、广州、宁波、上海以及马鞍山等地共举办了20多次“马鞍山视聆通游戏动漫产业基地”投资说明会，共计800多家企业参加。截至目前，基地签约企业达70多家家，其中已注册企业30多家，主要来自香港和长三角、珠三角地区，2010年总产值超5亿元。目前签约和入驻企业已初步覆盖游戏动漫“创意研发、市场推广、营销管理、客户服务”整条产业链。

不倦的朝圣者

面对当地势不可当的迅猛发展态势，面对当地党委、政府的殷切重托，王大军须臾不敢懈怠，为了心中梦想，为了社会责任，他以朝圣者的虔诚和执着，义无反顾地向前、向前、再向前，在马鞍山乃至安徽省，搅得游戏动漫行业风生水起。王大军大力推进马鞍山视聆通徽港游戏动漫公共服务平台建设，并已形成基地的核心竞争力，为入驻基地的游戏动漫制作公司提供制作现场、音效合成、后期渲染、培训指导服务、网络运营服务的一条龙的游戏动漫开发、运营、服务平台，为网络游戏软件开发商开发休闲网络游戏提供开发引擎，同时也为基地内乃至全国的游戏玩家提供一个在线交友、休闲娱乐、社区交流的网络服务平台。在王大军的统筹下，视聆通投入900万元，自编自导了总片长520分钟的52集大型原创动漫《李白漫游记》，着力打造马鞍山诗城形象。另外，他策划运营的大型网游《大富翁（马鞍山版）》、专利产品大型网游《无双勇气》等产品在市场大受欢迎。

近两年，原安徽省省长王三运，国家文化部副部长欧阳坚，省委副书记王明方，原省委常委、省委宣传部部长臧世凯，原省委常委、省总工会主席王秀芳，国家部委皖江城市带承接产业转移国土资源和城镇规划调研组等领导先后亲临基地视察，并给予高度评价。公司先后被省科技厅授予“安徽省专业孵化器”，被马鞍山市评为“2009年度全市服务业十佳企业”、“马鞍山市‘专、精、特、新’企业”等。2010年年初被国家文化部、财政部、国家税务总局认定为“国家级动漫企业”。

团队的凝聚者

王大军说:“无论是45人的员工队伍,还是500多人的后备人才,都是我最为珍视的宝贵资源。”他自己也责无旁贷地成为了这个团队在精神和力量双方面的凝聚者。为此,他一手抓社会专业人才培训,一手抓公司员工素质提升。

基地与各大院校合作,作为“安徽省巢湖学院实训基地”、“马鞍山师范高等专科学校实训基地”、“马鞍山职业技术学校实训基地”、“马鞍山技师学院实训基地”, 在培养专业人才方面成为马鞍山校企合作的典范。2009年年底,视聆通动漫游戏基地申请成立了马鞍山市视聆通职业技术学校,专门培养游戏动漫专业人才,解决企业招聘专业人才难的问题, 每年为社会培养输送500名专业人才。基地还成为“马鞍山市大学生就业基地”、“青年创业基地”,在游戏动漫业大力营造创业创新氛围。

王大军尤其注重企业文化建设和员工综合素质及专业水平的提升,积极开展“创建学习型组织、争当专业型员工”活动,激发员工的自我发展意识,还经常开展丰富多彩的员工文体活动,达到了增强团队精神、激发创业热情的目的。对内,王大军采用“聊天法”、“剖析法”、“社会现象分析法”等带动员工思想和观念的更新,帮助员工树立新观念。2009年年初,他还牵头成立了“马鞍山游戏动漫协会”,有效团结和凝聚了市内各专业从业人员。

王军 创造小企业出口"神话"

从一名推销员进而创业成功的案例，生活中并不鲜见。推销是最见功力，最为磨砺人的差事。一名成功的推销员可以在话语间不费吹灰之力将一张白纸卖掉。推销在产品出来之后，其分量要远大于技术，商品经济下，市场起了决定作用。

而王军是名副其实的双面胶，既掌握技术，懂得技术创新的核心价值，又掌握市场，于摸爬滚打中深谙推销之道。双管齐下，拨云见日，豁然开朗。技术催生核心竞争力，核心竞争力打破

宁国麦特电器有限公司生产的电容器90%销往国外，创造了中小企业出口的"神话"。总经理王军对创新有着独到的见解，他说，中小企业与大企业相比，由于缺乏规模效益，所以必须依靠技术创新，生产新、特、优产品以获得市场竞争力。中小企业在技术创新方面具有一定的优势，对创新更具有适应性，大多数经营者有较强的创新意识，而且中小企业管理层少、技术效益高，从而使技术创新活动更多地接近市场和直接面对消费者，产品具有较强的适应能力。

王军正是借助技术创新取得今天的成功，他创造的产品90%销往国外的奇迹，告诉了我们在创业中做好产品创新是多么地重要。

20岁出头起草国标

王军出生在宁国市青龙乡。1992年，王军从学校毕业后到当时最红火的企业——宁国电容器总厂。由于学的专业和电容器很对口，王军便分在技术科工作。由于爱学习、喜欢动脑筋，很快，他就掌握了电容器制造的相关技术，成为厂里的技术骨干，并被提升为技术科科长。1995年，总厂派他到西安电子科技大学技术物理系学习电容器知识。这次学习使王军系统学习了电容器的相关知识，也让王军接触到了国内电容器行业的许多人才，为他积累了很好的

市场，从国内走向国际。这是一个互推互进的螺旋上升体，是企业做大做强的中流砥柱。

王军另一个可贵之处便是好学，学而不厌，学而不惑，学而知不足。好学之人必是有心之人，有心则有志，志存高远。

人脉资源。而这些同学现在都是各大企业的技术骨干。

1999年，宁国电容器总厂破产，在原厂长的引荐下，王军到宁国市源光亚明公司任技术部部长。在新的环境中，王军仍然踏实敬业，并作为第一起草人起草了GB18489—2001《管形荧光灯和其他放电灯线路用电容器——一般要求和安全要求》及GB/T18504—2001《管形荧光灯和其他放电灯线路用电容器——性能要求》两项国家标准。这一年，王军刚刚20岁出头。

创业艰难 执着铸就成功

王军凭借自己在技术上的成就，在宁国市乃至全国的电容器行业有了一定的名气。2003年，在两位好朋友的鼓励下，王军与他们一起创办了另外一家生产电容器的公司，大家共同努力，公司发展很快，并成为宁国市电容器行业的一支重要力量。然而，天下没有不散的宴席。在公司发展的过程中，由于三人意见不能统一，王军最终选择了离开。

2006年下半年，王军独自创办了麦特电器公司，主要生产、销售电容器。因为此前王军一直是做技术的，对市场相对来说较陌生，所以刚开始的时候很少有订单，车间只有几个人，还经常停产。在公司创办初期开拓市场时，王军到江浙一带每天挨家向生产水泵、电机、空调、洗衣机的公司推销电容器，他向客户发名片、资料，不断向客户介绍自己的产品，但很少有感兴趣的，遭白眼是常有的事。“这样跑了几天的时间，也没有什么效果，有时真的好想放弃，想想家里停产的车间，我脑海里此刻只有一个信念，那就是坚持，坚持，还是坚持。”

有一次，王军被一家公司的负责人接见了，经过王军两个多小时介绍公司和产品，但那家公司最终还是拒绝了他。从那家公司出来后，王军没有感到很失落，他说是一种极大的鼓励，因为有人接见他了。回来后，王军经过总结，发现还是自己介绍的方式、方法不对才会导致这次机会流失的。这对于他这个做技术没做过销售的人来说很正常。晚上，王军去书店买关于推销方面的书籍，书架上一本书——《世界上最伟大的推销员》让他眼睛一亮，里面的内容给了他很多启发,他现在还可以将文章中一些字句清晰地背下来。王军说,当他背着包去推销,被别人一次又一次拒绝的时候,总会在他的耳边响起一个声音:“坚持不懈直到成功,每天的奋斗就像对参天大树的一次砍击,头几刀可能了无痕迹,每一击看似微不足道,然而累积起来,巨树终会倒下……”

创造小企业出口“神话”

王军经过不懈地学习和总结,公司从2007年8月开始业务蒸蒸日上。麦特电器公司先后获得了中国、美国、德国的五项认证及国家的六项专利;公司引进欧美最先进的生产工艺并加以改进,自行研制出具有国际领先水平的灯具用110℃高温电容器,现已批量使用于国内一些重点照明工程。公司与多所科研院校所建立了良好的合作关系,积极研究开发科技含量更高的电容器。

目前,麦特电器公司拥有从事电容器研制工作十几年的工程技术人员多名,参与生产、销售的人员已有100多人。公司拥有先进的高精度分切机、全自动卷绕机、喷金机等设备,以高科技的生产手段、高精度的检测设备、现代化的先进科学管理模式生产高品质的交流电容器。公司主要生产销售CBB60、CBB61、CBB65型交流电动机电容器,CBB66、CBB80型管形荧光灯和其他放电灯线路用电容器(防爆型金卤灯专用电容器,功率因数补偿电容器),CD60型电机启动用铝电解电容器及其他特种电容器等。现在,麦特牌电容器已具有广泛的知名度和美誉度,成了众多公司采购或经销的首选品牌,并批量出口美国、欧洲、东南亚、日本、韩国、中东等国家或地区。

2011年,麦特电器公司的年产值达4000万元,他们生产的电容器90%销往国外,创造了宁国市乃至安徽省小企业出口的“神话”。

打造学习型团队

公司虽初具规模,自己也小有成绩,但是作为企业领导者的王军没有忘记学习,没有忘记知识的力量和价值。从2007年年底至今,他始终带领着自己的团队一起出去听名师讲课,买名师讲座的光盘回家学习。正是他严谨的要求,公司管理人员每个月都会学习一本书,月底在一起读书分享;他对自己的要求是每年看三五十本书、每月出去上一次课等。在近四年的时间里,公司花在学习上的费用将近50万元,这也是很多同等规模的企业想都不敢想象的。从学习中,王军觉得人要不断学习才能成长。此时,他公司的规模也在不断扩大。

创富大赛收获满满

2011年,中国邮政储蓄银行安徽省分行主办了“创富先锋2011中国邮政储蓄银行创富大赛”,王军积极报名参赛。在宣城地区选拔赛上,王军以冠军的优异成绩挺进了安徽108强,并且在接下来的皖南赛区初赛、安徽赛区复赛上连连晋级,顺利闯入了安徽总决赛18强。在总决赛上,王军更是以万夫莫当之勇,拿下了“最佳创意奖”和“最佳网络人气奖”,是参赛选手中唯一获得双项大奖的选手。

2011年,麦特电器公司已在宁国市汪溪工业园区征地40多亩,2012年一个崭新的现代化电容器生产企业将建成投产。随着规模的扩大,在原来安排近200人就业的基础上,估计安排就业人数将突破400人,更好地体现了企业在自身发展的同时所肩负的社会责任。

王军在不断取得成功的同时还怀着一颗感恩的心回报社会,积极参与多项公益事件,青龙“村村通工程”、2008年四川地震灾区重建、赞助“送戏下乡”活动等都留下了他平凡的名字、伟大的爱心。

努力就有收获,付出总有回报。相信王军“三年打基础,五年一大步,十年争上市”的目标一定会在全公司职工的共同努力下实现。

于珺 小虾米的鲨鱼梦

千里之行，始于足下。现实生活中没有所谓的空中楼阁。创业者一开始也许未必知道今后要走什么样的路，要往哪个方向去。然而创业者自始终不变的是激情，是一股往前冲、往上蹿的韧劲，是永不服输的坚毅。

在不断地坚持下，怕的是没机会，一旦时机成熟，便能乘势而起。因为从未停歇的奋斗时刻准备，但得东风起，展翅九万里。于珺的努力证明了创业非一朝一夕之功，贵在锲而不舍，创业是有血有肉的心酸。从某种程度上讲，选择创业就是选择

如今的生活处处离不开电，电费成了一笔不小的开支。在马鞍山，有个姑娘就打起了电的主意，成立了一家节能技术公司，专门替人省电。

她的事业是帮人节能，她的偶像是董明珠，她的格言是马云那句“小虾米的鲨鱼梦”。她就是安徽利邦节能技术服务有限公司总经理于珺。

成语里有一句“艰难困苦，玉汝于成”，套在创业历程里，意思是说创业不易。现在流行的“哭够了，喊累了，睡着了，睡醒了，酒醒了又像往常一样，又开始工作了”，其实就是创业者的辛酸路。忍耐是一种美德，对创业者来说，忍耐却是必须具备的品格。

听于珺讲起她的故事，我们可以看到“小虾米”是如何在忍耐中实现“鲨鱼梦想”的：

“我喜欢马云的一句话：‘小虾米的鲨鱼梦’，也借此把它作为我成长的推进器，支撑着我前行的步伐。”

“基础”要打十年牢

1979年8月，我出生在这个移民城市——马鞍山——的一个普通家庭，父亲是冶金部第十七冶金公司的一名工程师。在童年的记忆里，父亲的印象是模糊的，5岁的时候我才能清楚地知道，这个风尘仆仆从远方归来的男人是我的父亲。父亲不在的日子里，母亲

艰辛。如果你有足够的勇气,如果你认为每一次战胜困难都是人间乐事,那么你就选择创业,开始谱写一曲辛酸的浪漫,人生定因创业而丰富、而多姿、而精彩。

一个人支撑着这个贫寒的家庭，她坚强的性格感染着我和我的姐姐。母亲的教育是严格的、苛刻的,那时她是一名小学教师,用起早贪黑形容她的工作是恰当的,因为是班主任,早上很早她就去了学校,准备新的一天的工作,而晚上她总要去她的学生家做家访。两个女儿在家她该有很多的不放心，所以孩提时我和姐姐是长期被锁在家里的。因为贫寒,我们的童年没有玩具,甚至没有见过布娃娃,小的时候不知道什么是害怕,两个女孩把奶奶的骨灰盒当玩具玩,因为那个盒子的造型是栋房子。回想起这段童年生活,我会有遗憾,但更多的是感激,正是因为这样的特殊背景,塑造了我那颗坚强、独立、自信的心。

1997年,我高中毕业,在高考填报志愿时,第一个想法就是要离开家,看看外面的世界有多精彩。于是我来到合肥,我学的专业是法律,在合肥这一待就是 10 年。2001 年,我大学毕业,也实习结束了,母亲曾和我商量,希望我能回马鞍山考公务员,当时母亲已调入马鞍山政法委做了一名档案管理员。最终我还是拒绝了,我和她说想通过自己的努力做点事情,而不是一直庇佑在她的翅膀下。“时间将证明一切,我有信心,最重要的是我知道我在做什么。”想想当年的求职经历,我想一点也不比现在的大学生简单,第一份工作是在一家卖大型复印机及耗材的门店,而我的职位是仓库管理,其实与管理无关，实际上无非是个把货物从仓库搬运到门店的搬运工,月薪 300 块。那时的日子是“痛并快乐着的”,因为低微的薪水,我只能住在离市区很远的、靠近长江批发市场的 50 元一个月的一间陋室,下雨天时房间里也有叮叮咚咚的雨声,而我最幸福的事是每个月给自己奖励的一顿大餐(8 块钱的一份龙虾),那时,陋室+雨声+龙虾=幸福。在那间房间里，我自学会了 Office，获得了 Office 办公软件专家证，把自己的打字速度提升到每分钟 100 字，拿到了国家计算机操作二级证书。社会是个大学堂,可能每个人都是你的老师,可能每个人又不是你的老师。而如何从别人那里学会你未曾接触的知识,靠的是细心地观察与日常地积累。

2001 年,我进入了 TCL 移动通信安徽省省级代理安徽普爱电讯器材有限公司,在这四年里,我成绩突飞猛进,从一个简单的电子商务人员,做到市场部经理,而后又担任客服部主管。记得做客服主管之初,我和很多年轻人一样,粗心而又毛躁。而客服主管恰恰是份需要极度的细心与耐心的工作,成千上万种物料,不仅需要你完善所有的物料编码,而且需要你统计好这些物料的实际数字,对于前来售后维修的顾客,必须保持绝对的耐心。在这个岗位中,我学会了统计学,懂得了心理学。这些同样给我日后的创业奠定了坚实的基础。而后在上海的工作中,我学会了财务管理,学习了日语,学习了简单的韩语,学习了国际上一些大公司良好的办公经验,与他们经常交流让我获益匪浅,更了解了自身的不足与需要充实的方面。我曾在上海的长江入海口豪情万丈地说:“上海,我来了,总有一天我会在这个国际化大都市里拥有我的一片天地。”

有些人盖房子不打地基,而对我来说,我认为任何房子如果想屹立长久,地基是非常重要的,所以我用30%的时间去完善那个地基。房子如此,人生更是如此。

可当激情遭遇现实时,前者会显得如此无力。2008年,父亲的一场重病中止了我在那前进的步伐。记得那是个初春,母亲的一通电话让我忙碌的脚步停了下来。“珺珺,有时间你回来看看你爸爸,过些天他就要做手术了!医生说他的心脏需要进行二尖瓣置换、三尖瓣修复、房颤修复!”一瞬间,我很蒙,一棵大树从屹立到倒落竟然可以这么突然。让我彻底离开上海是爸爸的一句话。那天手术结束,晚上在ICU的时候,我和妈妈进去看他,我到现在也无法想象一个人的身躯上可以插上那么多的管子,像个机器人,很渺小,很可怜。麻醉刚过的他,抬起很重的眼皮说了一句:“照顾好你们的妈妈!”然后再也没力气说话了。那一夜我突然觉得我的父母真的老了,他们的白发突然之间多了那么多;而曾经躲在他们羽翼下的我们长大了,也因为我们的成长磨碎了他们的青春、他们的身体、他们的容颜。父母老了,是该需要我们的照顾。那一夜,我告别了上海,告别了任性,告别了自由,但没有告别的依然是我的激情、我的梦想。

毕业十年,我想,我所有的努力,都是在为我的创业打牢基础。

创业路上收获冠军

“当你把最苦的苦难都已尝遍的时候，剩下来的对你来说可能都是甜蜜了。”

“千里马之所以叫千里马，是因为它遇到了伯乐！”2010年，我走进了安徽柏利照明电器有限公司，公司有一个把《孟子·告子下》中“故天将降大任于斯人也，必先苦其心志，劳其筋骨，饿其体肤，空乏其身，行拂乱其所为，所以动心忍性，增益其所不能”作为其座右铭的老总——柏林，一个睿智、坚韧、豁达、通达、幽默的领导者。在他的身上，我找到了一个成功创业者的精神。“海阔凭鱼跃，天高任鸟飞”，在这里，他赋予我的是一个属于自己的广阔舞台。我喜欢他的一句话：“可以允许犯错，智者从问题里找方法，愚者从问题里找借口！”所以我按照自己的步伐向前迈进，会犯错，会知错，会改进。在他的引导下，我从一个中层管理人员走向高级管理人员，再走向全局把握人员。我想这不是每个人都能获得的机遇，而我能把自己所拥有的能量都为之付出，为之释放，我的青春是无悔的。

2010年，由马鞍山市团市委举办的“首届马鞍山青年创业大赛”中，我带着我的“HID高效陶瓷双电弧管节能照明”项目参加了此次比赛，并一举获得了冠军，荣誉的光环虽然照在了我的身上，但我深深地知道这一切与我的团队对我的信任与支持是分不开的。2011年3月，在柏总的帮助下，我成立了安徽利邦节能技术服务有限公司。

创业是条长征路，而我只是这长征路上千千万万奋斗者中间的一员，我们都怀揣着激情与梦想，对于未来无法预估的困难与险阻，我准备好了。我感激我的父母，感谢他们造就了我的性格，赋予了我智慧。虽然我离董明珠的坚强与智慧还相距甚远，但作为一个女性，她是我的楷模。38岁的她开始她的创业之路，32岁的我在事业中初试牛刀，我要学习这些前辈，但更要做我自己。也许在未来的某一天，我也会是一个独立+坚强+自信+乐观+勇敢+智慧+严谨的成功新女性！

杨洪彦 从雨鞋大王到汽贸老总

1993年,她是马路边的一名小店主;1998年,她是蚌埠市的“雨鞋大王”;2002年,她是汽贸公司的董事长……她叫杨洪彦,一位有魄力的职场女性,热心公益事业,人称“漂亮妈妈”。

“珍惜才能拥有,感恩才能天长地久”,这是杨洪彦的电子签名,也是她在创业中得到的感悟。现年37岁的杨洪彦,是蚌埠市虹亚汽车贸易有限公司的“大当家”。这家公司是奇瑞汽车销售有限公司和中顺汽车销售有限公司指定的特许销售服务商,下设蚌埠、阜阳两个子公司,旗下员工65名。在辉煌背后,很难想到她是靠雨鞋起家的。

20岁的“第一桶金”

在20世纪90年代初的“下海”大潮中,19岁的杨洪彦也不甘人后,早早地跳入了这股洪流。那是1993年,杨洪彦学着别人,在蚌埠市二马路小商品批发市场开始了自己的事业,从事百货的经营和批发。当时,年轻的杨洪彦对百货行业并不了解,也不知如何去打开市场,凭的只是一股闯劲。尝试经营一段时间后,杨洪彦的生意渐渐陷入了停顿,商品卖不出去,货物积压,没有周转资金。

在创业的道路上,失败并不等于投降,失败是交学费,为的是东山再起,下一回从头再来,失败常常是成功的必经之路。就在不知该如何经营下去时,她发现附近有家雨鞋店生意异常红火。每逢

不同的人,对失败有不同的认识。杨洪彦认为失败就是交学费,失败是为了东山再起,从头来过。从马路边的百货店做起,可以想象个中艰辛。屡屡受挫之后,她实现了第一次华丽地转身。按理说,“雨鞋大王”对于一个年轻女子来说已难能可贵,但是创业者就是这样,永远不会满足,永远希望迎接下一个挑战的到来。

从鞋到车,这一戏剧性的转型,让杨洪彦迎来了新的发展机遇。有时候,做决定就是分分钟的事,退缩、犹豫、举棋不定都不符合

创业者的特质。正是因为果断、果敢，能挑能担，才能披荆斩棘，走向成功。所谓“世上无难事，只要肯攀登”。

创业成功不忘回报社会，热心公益、爱心助学，让明星企业家成为漂亮妈妈，创业路上彰显着人性的光辉。

阴雨天，来买鞋的人络绎不绝，送货进货的车辆来来往往。看着自己的店前门可罗雀，杨洪彦十分羡慕，便也动起了脑筋，做起了雨鞋生意。但做起来后杨洪彦发现，雨鞋生意并不像看起来那样好做。她的雨鞋摆在货架上，和百货一样无人问津。在经历这两次失败后，杨洪彦发现简单地模仿别人是不行的。

一个偶然的机会，杨洪彦得知在上海有个雨鞋订货会，在那会有很多的雨鞋制造商展示自己的商品，并且1994年的订货会就在近期开幕。了解到这一情况后，杨洪彦立即起程赶往上海。在那届订货会上，杨洪彦相中了一种彩色雨鞋，认为这种靓丽的雨鞋一定会在黑胶鞋一统市场的情况下闪射出光芒。事实证明，这种彩色雨鞋确实销路很好，这帮助杨洪彦在二马路立住了脚。但初尝胜果的杨洪彦并不满足。彩色雨鞋虽然销路不错，但依然无法和黑胶鞋相抗衡，也就是说杨洪彦的生意依然没有附近那家雨鞋店的生意好，这使得杨洪彦很不服气。

在雨鞋生意处于淡季的时候，杨洪彦关了店门，收拾行李，拿着从订货会上得到的名片，开始了她的南下之旅。凭着手中的名片，杨洪彦一路途经上海、昆明、海南、杭州等地，考察各地厂商生产的雨鞋。最后在萧山，杨洪彦看中了一家生产当时很流行的双前排样式的女式雨鞋的厂商。这家不大的雨鞋厂非常符合杨洪彦这次考察的目的。和蚌埠的雨鞋相比，产品质量差不多，价格却低很多，并且产量也不是很大，便于她包下整年的产量。杨洪彦考察后，和厂家商议，要求包下厂里的全年产量，并立刻下了1万元的订金。这种女式雨鞋在蚌埠一上市，便以其低廉的价格和秀气的样式迅速抢占了本地的市场，一炮打响。在不到2个月的时间里，杨洪彦共卖出了4万双左右的雨鞋，这是她赚到的“第一桶金”。那是杨洪彦做生意的第二年，当时她只有20岁。

如何成为“雨鞋大王”

这种不断引进新的竞争力的做法，使杨洪彦一次次获得成功，事业迅速壮大起来。1998年到1999年，杨洪彦的雨鞋生意达到了顶峰。在蚌埠的雨鞋市场上，杨洪彦卖出的雨鞋数以万计，约占整个市场份额的 80%。

在总结自己的成功经验时，杨洪彦这样分析道："一是自己头脑灵活，脑子转得比别人快；二就是胆大，甚至可以说是不计后果地投资。"她的很多投资都是在类似于闭门造车的情况下决定的。那时的她不读书不看报，除了做生意外，她基本上和整个社会是脱节的，对整个社会的情况所知甚少。

杨洪彦给笔者算了这样一笔账，雨鞋和一般百货不同，是有销售季节的，一般是在冬、春季节的 3 个月里。大部分的销售商会在销售淡季的时候改为经营其他商品，并且停止进货。而杨洪彦的做法却恰恰相反。她放弃了原先的百货生意，只经营雨鞋，并且在淡季的时候保持着几个伙计经营着雨鞋生意，一个月大约需要 1 万元的运营费用。在那时她还租借了两个仓库，一个 500 平方米，一个 2000 平方米，保持着不下于 20 万双雨鞋的存量。这些大约需要投入 100 万元的成本。这在他人看来是无法想象的。

但这种做法的好处一到旺季就会突显出来。一旦连阴的雨季到来，一般批发商会在两天内将自己的存货售尽，去补货的话也要较长的时间。而杨洪彦的存货可以在很长的时间里保证顾客的提货需求。这不仅使销售量十分惊人，并且树立了一种信誉，这无形中开发了大量的潜在客户，而且在这种时候适当地提价顾客也是可以接受的。另外，在淡季低价存的货又使得成本降低。这诸多的好处叠加起来，使杨洪彦获得了同行无法想象的高额回报。蚌埠雨鞋市场的巨擘在短短的两三年间就诞生了。

成功背后的辛酸

成功的道路不会是用阳光和鲜花铸就的，每个成功人士的背后总会或长或短地曼延着一条色调低沉、充满荆棘的道路。杨洪彦每当回首当初的那段时光，在欣慰成功的同时，总是伴随着辛酸的苦痛。

抛开刚开始创业的迷茫和无助，就是在雨鞋生意刚有些起色的时候，不分昼夜地辛苦经营也让年轻的杨洪彦有种成功和失败同样痛苦的错觉。旺季的彩色雨鞋生意做得很好，往往是昨天进的货今天就卖完了,需要她晚上去杭州进货。在2个月的时间里,杨洪彦基本上白天在店里不停地配货、经营和做账,晚上坐上去杭州的火车到厂里进货,坐的还是硬座。到了杭州,她又要马不停蹄地赶到厂家提货。在厂里前前后后地忙完拿货的相关事宜,杨洪彦就要想着运货回家。那家厂商当时是不负责搬运货物的,而杨洪彦为了省下搬运费,往往是自己将货物搬运上车,然后在汽车上摇摇晃晃几个小时,回到店里,将货物卸下,整理完毕,也就快要开始一天的生意了。就这样周而复始,杨洪彦一直坚持到了旺季结束。

在1998年,由于杨洪彦的节省,她让自己又被狠狠地折腾了一回。在福建提货后,杨洪彦有两种选择将货运回,一种是用集装箱的货车,另一种是用普通卡车。两种运费的差价在1000元左右。由于福建的山路较多,货物容易倾斜,发生倾泻,运输公司建议她用集装箱运送。但节俭成癖的杨洪彦还是选择了较便宜的卡车。但很快杨洪彦就后悔了,福建的山路远比她想象的要崎岖得多。一路上杨洪彦不停地担心路况,担心车上的货物,时时刻刻揪着心。事情往往是看着的水壶总不开,但担心什么就来什么。在行至一处路面左右平差较大的斜坡时,车身侧斜较大,致使货物严重地斜向一侧,随时都有翻车的可能。这可急坏了杨洪彦,因为翻车后很可能会出现村民哄抢货物的局面。心急如焚的杨洪彦只好让司机慢慢地开动汽车,挪到前面不远处的加油站。在那里,杨洪彦请司机帮忙看着货物,而自己将货物一箱一箱地卸下,然后重新搬到车上对好。但由于并不是专业的搬运工,杨洪彦并不知道如何才能将货物重新摆放整齐,往往是搬上了不少货物却发现摆歪了,只得又把货物卸下再重新搬上去。这一干就从早上5点干到傍晚天黑。回到家后,杨洪彦在床上躺了两天没起身。

都说“出门难在路上”,但即使不去进货,店中的日常经营也能将杨洪彦累趴下。由于雨鞋的销售旺季是集中在冬、春的3个月中,也就意味着3个月要做一年的生意,其工作量可想而知。杨洪彦做的是批发代理商,每日的走货量非常大。由于雨鞋从厂里拿来时是左右两只分开装送,需要重新配码号、款式和颜色,而这项工作就需要作为批发代理商的杨洪彦来做。那时她的鞋店每日大约能卖出2万双雨鞋,她每天夜里和伙计们都要忙到下半夜,以配出足够的雨鞋,保证正常供货。当时她租用的小仓库就是供配货使用的。每天晚上用脚蹬的三轮车从大仓库将货运到小仓库,再在这里配货,来回大约几十趟。两个仓库大约相隔几百米,并且中间有一个斜坡,每次运货到这个斜坡时车子就会蹬不上去。这时大家就会相互鼓励,努力协作,将车子推上去。当时大家相互鼓励的"加油"声,现在还不时地回荡在杨洪彦的耳边。

果断转型 快速发展

几年的打拼使年轻的杨洪彦有了一定的原始积累，但她并没有满足于现状。市场趋于完善,同时竞争愈演愈烈,以后的事业应如何发展，又成了摆在杨洪彦面前的问题。她凭着敏锐的市场感觉,意识到传统的小商品市场日渐饱和,竞争也更加激烈。成功的商人总是能很快察觉到自己经营环境变化的细小迹象，从而调整自己的"舵"。改革开放以来,经济的迅猛发展不仅体现在少数大城市的发展上,而且体现在全国的城乡建设上。上个世纪90代末,我国城乡的发展很大程度上体现在道路的建设上。一逢阴雨天便变得泥泞不堪的乡村小路纷纷被水泥路所替代。杨洪彦很快注意到了这一变化,并意识到这会给她的雨鞋生意带来什么样的影响。改行在杨洪彦看来是最好的办法，从鞋到车这个变化在她看来是个最好的改变。

而随着经济的发展,人们的收入越来越高,汽车行业才是未来的热门,有着更广阔的市场。2002年,在雨鞋批发生意还很不错的情况下,杨洪彦做出了令所有同行都大吃一惊的决定:她要转入汽车销售行业,进行二次创业。

记得那是2002年的夏天,当时蚌埠市正在进行出租车选型招标。因为杨洪彦一直有着做汽车销售公司的梦想,她就觉得这正是一个千载难逢的机遇,因为一旦出租车选型能够中标,将会使她的公司利用这个契机迅速完成转型,进入二次创业的快车道。抱着通过自己的努力一定能中标的简单想法，杨洪彦把前几年经商的全部积蓄拿出,紧锣密鼓地筹建起蚌埠市虹亚汽车贸易有限公司,同时积极备战出租车选型招标工作，并和芜湖奇瑞汽车公司草签了一份在蚌埠地区代理销售服务的意向协议书。一切似乎都进入了最理想的轨道。可就在杨洪彦和奇瑞汽车公司在芜湖准备签署正式代理销售合同的当天，从蚌埠出乎意料地传来了出租车选型奇瑞汽车未能中标的消息。杨洪彦一下子蒙了，如果没有奇瑞中标出租车项目的支撑，新注册的虹亚汽车公司便会前途渺茫，所有的投入随时都有泡汤的危险。一瞬间，她感觉自己就像茫茫大海中的一叶孤舟，不知要漂向何方！回过神来后，她认真想了几天，认为既然自己下定决心要做汽车销售，做的又是自己喜欢做的事，那就应该坚持到底，绝不低头。况且新公司也不是没有希望，当时蚌埠正处在私家车市场的萌芽阶段，私家车市场的未来有快速发展的空间。既然想成功，就不能将事业的发展寄希望于一时的得失。只要能够适时调整战略，善于捕捉机遇，她的二次创业就一定会成功。

可是公司开业以后的情形却是杨洪彦始料未及的。不懂企业管理，对汽车行业又不了解，再加上市场对奇瑞汽车的认知度不够，前5个月总计只卖出去33辆车，售后服务整体根本无法运转，几个月下来一盘点，公司亏损10万元。这时来自各方的议论纷至沓来，这个貌似柔弱的女子一个人默默承受着巨大的压力，咬牙坚持着。连续几个月的亏损之后，杨洪彦及时调整了公司的营销思路，通过自身对企业管理的学习、对汽车市场的逐步了解，公司开始开展各种营销活动，她的公司终于在一年后扭亏为盈。此后，奇瑞汽车在蚌埠市场的占有率日益扩大，得到了广泛的认可和好评。虹亚汽车贸易有限公司的汽车销量每年也都在翻番。

热心公益的“漂亮妈妈”

“创业明星”、“十大女企业家”、“先进个人”……在各种荣誉里，杨洪彦更喜欢一个亲切的称呼——“漂亮妈妈”。这个称呼，记录着她长期资助贫困失学儿童、捐助白血病女大学生的故事。

作为一个民营企业，虹亚汽车贸易有限公司积极地参与到国家的就业及再就业工作中，现已解决了60余人的就业问题，其中包括下岗职工、社会新增劳动力，为社会的稳定与和谐做出了自己的贡献。帮贫扶困，助学济危，热心公益事业，杨洪彦和她的公司对固镇、五河、寿县等地的数十名贫困失学儿童进行了长期的资助，并积极主动地参与捐助救治安徽电子学院患白血病的女大学生，使其感受到社会的温暖。

现在，在杨洪彦总经理的带领下，虹亚汽车贸易公司正以崭新的面貌迎接市场的挑战，秉承"服务无边、满意有度、诚信为本、终生朋友"的企业理念，整个公司充满了生机和活力。

杨洪彦本人也得到了社会各界的广泛认可。2006 年，她获蚌埠市工商联、劳动局、经委评选的"蚌埠市自主创业明星"称号；2007 年，获安徽省"民建会员企业先进个人"称号、市妇联评选的"蚌埠市巾帼创业带头人"称号、市妇联和《蚌埠日报》评选的富有爱心的"漂亮妈妈"称号，并当选为市委、市政府评选的第九届蚌埠市十大杰出青年；2008 年，获"安徽省优秀创业青年"称号，并当选第十届全国妇女代表大会代表；2009 年，被蚌埠市妇联评选为"蚌埠市创业女标兵"。

路漫漫其修远兮，杨洪彦已经做好了继续求索的准备。毕竟，现在的虹亚还没有达到她梦寐以求的高度，杨洪彦还在路上，虹亚还在路上……

名校毕业、专业对口、思维敏锐，黄汪具备自主创业的得天独厚的先天优势。放着华为的工程师不做，放着年薪10万的白领不当，黄汪从来就不是安于现状的人。他志向远大，却内敛、低调，于内心深处铆着劲在发力。

选择高新技术产业，对于黄汪而言是轻车熟路，兴趣所指。与其说他毕业创业，毋宁说大学时代便是其创业的发轫。要打造安徽的"苹果"，IT行业还真说不准，一不小心便一夜长成。

"黄汪 立志打造安徽的"苹果""

地处蜀山脚下的合肥国家高新技术产业开发区，是高新技术产业的"聚宝盆"，也是安徽为之骄傲的"硅谷"。20年来，一批高科技项目在这里得到了发展，一些中小企业在这里茁壮成长，很多优秀的科技型企业在提升自主创新能力的过程中得到了持续发展。合肥华恒电子有限责任公司就是其中的佼佼者。

6个老总共用一个办公室

华恒电子有限责任公司创始人黄汪，1997年毕业于中国科技大学，是中国最早一批接触Linux的开发人员，其带领的智器团队是中国最早从事嵌入式Linux的研发和商业化的团队。公司研发人员占到员工总数的近60%，大多来自我国的尖端学府——中国科技大学，其中有2名博士生、十几名硕士生。多年以来，智器的团队一直以嵌入式Linux为核心技术，研发和推广相关产品和服务，是国内在嵌入式Linux的软硬件开发领域经验最为丰富、成果最为丰硕的团队。

低调、睿智、亲切，是记者见到黄汪的第一感觉。在他那近200平方米的办公室里，记者丝毫看不出，眼前这个带着广西男人朴实性格的青年，是一家公司的老总，且有着14年的管理、市场、研发和公司运营经验。"这个办公室我是专门用来招待客人的，我和其他5个老总是在一间办公室里办公的。"仿佛看出了记者的疑惑，黄汪笑着说,从成立公司的第一天,他就给公司定了一个调:架子、气势不是体现在公司内部的,而是用来面对外部市场的。“公司在这栋大楼里有三层,我们几个老总完全有条件每人一间大办公室,就像这间一样,但互联网高科技企业有它特有的风格。”黄汪告诉记者,高管团队在一起办公,等于将产品研发、技术、市场等部门密切“捆绑”在一起,每个人有了想法,可以及时沟通、相互交流,“有的时候,一个人的一个想法可以诞生一款新产品”。

放弃10万年薪　选择创业

黄汪1975年出生于广西,1997年从中国科技大学物理学微电子专业毕业,毕业后在深圳华为硬件部做研发工程师。“我当时的年薪是10万元。”要知道,10万元在当时是一笔不小的数目,所有人都相信他会在华为干出一番成绩。但出人意料的是,第二年,黄汪辞职了,回到合肥这个他待了4年的城市,开始自己创业。

“我就是看好这里得天独厚的人才资源和优良的创业环境。”黄汪说,合肥有他多年积累的行业资源和人脉合作关系,高新区更是他工作多年的地方——1995年,他就在中科大位于高新区的实验室从事课题研究了。此外,黄汪认为,中东部地区未来的发展机会也会越来越多。1998年,黄汪创立了华恒网络技术有限公司,并在业内提出了Linux用于嵌入式系统。“我当初的理想就是通过Linux系统,推动中国嵌入式产业有大的发展。”这个想法黄汪在华为工作时就产生了,但当时华为并没有这个条件,也不合适发展嵌入式设备。直到2000年,摩托罗拉半导体公司(亚太区)找到了黄汪,寻求与他合作。2001年,黄汪和摩托罗拉一起,向市场提供嵌入式Linux的开发平台和基于嵌入式Linux的产品参考设计方案,客户包含华为、中兴、联想等企业及北大、清华、中科院等科研机构。

从卖软件到造产品

和摩托罗拉公司合作推广嵌入式Linux让黄汪享受到了胜利

的果实,但他没有沉溺于喜悦中。随着合作的项目越来越多,接触到的公司越来越大,黄汪脑子里冒出个想法:为什么自己的公司只能卖“工具”、卖方案,而不能向市场提供产品设计呢?2005年,公司的业务重心开始转移,从提供嵌入式Linux的软硬件开发平台转向提供嵌入式Linux的Turn Key产品设计授权服务。这在当时是市场上第一个提供能播放FLV网络视频的MP4的Turn Key方案,客户包含OPPO、蓝魔等。公司的“嵌入式Linux集成开发平台”还获得国家科技部及财政部的创新基金。

2008年,公司在行业内第一个提供能直接解码播放RMVB格式的MP4的Turn Key方案作为ADI的Design House合作伙伴,基于Black Fin处理器进行性设计,解决了MP4不能播放网上现成的视频内容的问题,推动了国内MP3产业向MP4产业的快速转型。

“这段时间我们等于是个设计公司,就像盖一栋房子,我们是出设计图纸的一方。”公司将“图纸”卖给步步高、OPPO等公司,由他们制造出产品。“每个人都是追求进步的,我当时就在想,别人能制造,我为什么不可以呢?”黄汪开始了从设计到制造的跨越。2007年,华恒公司推出第一款MP4产品,取名“智器”,意即“智慧的器皿”,公司从设计公司转型为品牌产品公司。

创新是发展的源泉

“说实话,我们自己生产的MP4卖得很差,但同样的设计卖给OPPO、步步高,卖得就非常好。”黄汪坦言,当时一家家推广自己生产的产品, 都不敢说是合肥的公司生产的,“人家也不会听你解释你的技术和OPPO是一样的,等等。但我现在到哪都敢说,我的公司就在合肥,我的产品都是在合肥生产的。”黄汪告诉记者,很多国产的电子企业大多在深圳,但他们不太具备技术能力,有的只是营销渠道。“忽略技术研发是这个行业的弊端,没有技术,只追求品牌,那就是机会主义者。”黄汪说,只要不断追求技术进步,可能这次没抓住机会的“尾巴”,但下次必然会抓住机会的“脑袋”。

2011年不仅是个人电脑诞生30年,也是电脑产品迎来变革的一年。在这一年,平板电脑在全世界掀起了新的热潮,成为了IT市场上当之无愧的宠儿。这一年，以 iPad 为代表的平板电脑掀起了前所未有的科技发展高潮，并大大推动了 PC 行业及移动互联网产业的产品创新。

而在苹果 iPad 诞生前半年时间，智器就在合肥生产出了国内第一台自主设计并量产的 MID 产品(移动互联网设备)，智器品牌持有者华恒电子一直为更好的平板电脑产品而努力着。今天，智器已经成为国内消费电子行业和移动互联网终端的领先品牌，同时在电子杂志和数字版权、移动互联软件领域都有着较强的竞争优势。

2010年 1 月，华恒电子研制智器 V7 型号平板电脑，这是世界上第一台支持 PPS 在线电视视频点播和全高清（1080P）播放的 WiFi手持终端设备。2010 年 5 月，推出国内第一款彩色触摸屏网络电子书，实现电子杂志的网络在线销售、下载和阅读，开创了一个新的产业细分领域。2011 年 4 月，推出智器新一代平板电脑，集成和优化上一代产品的所有功能，并且速度更快、更流畅，各大媒体纷纷把智器 Ten 用于媲美苹果 iPad 和联想 lePad，短短一个月，销量超过 1 万台，产品脱销，供不应求，成为当年的明星产品。2011 年 12月 16 日，智器在合肥发布 Ten3 平板电脑，并推出了糖果派平台。按照智器的规划，糖果派平台面向的是 0—6 岁儿童市场，糖果派平台上汇集了众多适应儿童体验的内容，包括书籍和益智类游戏等。“晚上孩子睡觉前的讲故事环节，未来通过糖果派便可完成，通过预先录制上爸爸妈妈的声音，晚上可向孩子播放有声读物。当然，这只是个例子，糖果派的特性远不止这些。”黄汪说。

立志打造安徽的“苹果”

和其他数码厂商转型有所不同的是，黄汪的公司没有像其他厂商一样聚集在华南沿海一带，而是选择了合肥。“这里有我的同学和我的母校，他们是我最大的科技后盾。”黄汪说，中东部地区工人工资成本低，又有人才优势，如今的合肥是全球最大的家电产业基地，具有很好的家电和消费电子产品的产业基础。京东方等上游液晶面板产业在合肥 6 代线和 8 代线的相继投入，在为家电产业带来产业链核心竞争力的同时，也为合肥出品智能手机和平板电脑提供了产业机会。

智器团队选择合肥作为研发和运营的总部，也是智器产品生产制造的基地，可以说是得益于安徽省科技及工业产业政策和政府“工业立市”产业布局下的配套环境。在家电产业基地的优质工业制造环境和配套资源的支持下，在以京东方为主导的上游液晶面板产业资源的支持下，政府促进本地化工业资源相互紧密结合，未来智器有可能在合肥高速成长为“参天大树”。正是看准了这一点，华恒在合肥建立起自己的研发和生产基地。

“我的计划，就是3—5年内，打造一个安徽的‘苹果’。”黄汪介绍，华恒现在是一个移动互联网公司，而不是单纯的平板电脑公司，目前公司有员工150人，其中不乏博士、硕士和电子行业技术专家。“苹果产品比较贵，所以我们和他们之间不是竞争，而是共存关系，我们的定位就是适合国人使用。”目前黄汪依然参与公司产品的设计和讨论。2011年底，智器平板电脑被认定为安徽省高新技术产品，华恒电子被评为“安徽首批青年科技创新示范点单位”。一个个令人瞩目的成绩，对于华恒电子来说都是一次次莫大的鼓舞。而华恒人将依托人才与科技优势，坚定不移地走自主创新的发展道路。2012年的电脑市场是移动互联烽烟四起的沙场，也是华恒电子乘风破浪的沧海，让我们期待安徽的“苹果”明天会更好！

|安徽青年创业故事会|

农村青年创业典型

农村青年

负债的日子是不好过的。债多不愁，那是破罐子破摔，高伟可不愿意这样。他要用实际行动来偿还父亲欠下的一屁股债。估计那时候高伟连做梦都想着怎么把人家的钱给还了。

高伟的创业动力已经很明了了，创业不为其他，只为挺直腰板做回人。英雄都不问出处，何况靠自己的双手去奋斗？终于，他还掉了所有债务，并且在自己的事业上不断开拓。扬眉吐气不傲气，热心慈善为社会。

高伟 皖北“石中玉”

从外表看，安徽中昊投资担保集团董事长高伟平凡得像一块石头，被风霜打磨得有些粗砺、深沉，却棱角分明。然而熟悉他的人都知道，无论是做人还是做生意，高伟骨子里都像他所钟爱的玉一样，有着以“仁义智勇洁”为核心的品德与价值观。

父债子还

1993年春节的早晨，大雪。阜阳市颍上县谢桥镇一个平凡的村落，寥寥几缕炊烟还未来得及升空便被吹散，一个年轻人背着简单的行囊，低着头，沉默地迎着风雪向村外走去。年轻的身形有些佝偻，仿佛有座看不见的山压在他瘦弱的双肩上。

走出这个贫困的村子之前，高伟特意把一个破旧的小本子收进了贴身的口袋里，那上面密密麻麻地写满了数字，每一个数字便代表着一笔债，少则百余，多到上千，总数超过了5万元。祖上八代都是贫农，父亲捣鼓了半辈子的小生意，不但没赚到钱，反而欠下了数万元的债。在高伟上初二那年，父亲患了肝癌，郁郁而终。作为长子，16岁的高伟用自己稚嫩的双肩撑起了这个家。

那几年，高伟做过很多小生意，磨过豆腐、宰过猪牛、贩过皮子，用他的话说，最体面的就算是倒卖服装。虽然勤勉，但高伟依然遭遇了和父亲相同的命运，每天起早贪黑地忙，不但没赚到钱，反而又欠下了许多新债。那时候村里人都朴实，借钱从没有打欠条一说，而高伟每借一笔债，便要用笔仔细地记在小本子上。

听同村出去打工回来的年轻人说，广州那边赚钱特容易，在车站帮人看个行李都能挣一两百元。这对于几乎被贫穷和债务压垮的高伟来说，是一个无法拒绝的诱惑。在那个年代，在那个每人只有5分地的村子里，5万多元的债务无疑是天文数字，是一座无法逾越的高山，而高伟则决心把这座山扛起来。

他对每一个借给他钱的人承诺："我一定会把钱还给你！"

在广州，高伟找到一份代人买票的营生。那时候的广州已经很繁荣，全国各地乃至香港、台湾的很多商旅都从广州中转交通，帮这些人跑腿买一张票，可以挣到20—50元，跑得越多挣得越多，有的人一天甚至可以挣到上千元。高伟是当时同行中跑得最勤快的人，半个月下来，他那双刚到广州时买的新鞋的鞋底就完全磨烂了。高伟找了个修鞋师傅，用车轮胎的橡胶给他的鞋重新做了一个鞋底，结果2个月下来，"轮胎鞋底"也被磨烂了。广州代购车票的营生给高伟带来了人生中的"第一桶金"。"一个月一两万元的收入，在那以前我从来没见过那么多钱。"高伟感慨地说。

1994年，高伟返回家乡，临行前他特意买了一个密码箱，把银行里所有的钱都取了出来，带回了依然贫穷的村子。他拿着自己那本破旧的账簿，一家一户地上门还债，每还清一笔债，便用笔画掉一个数字。当本子上最后一个数字也被画掉，高伟蹲在家门口抽了一根烟，从头到尾把本子翻看了一遍，然后他扔掉烟头站起来，猛地挺直了自己的脊梁。

狂人日记

高伟骨子里是个狂傲的人，欠别人钱的时候，他发誓无论多困难都要还清，而当债全部还清之后，他又发誓以后再也不要欠债。直到今天，早已身家过亿的他每天依然生活在巨大的压力中。这压力来自他的内心，仿佛有另外一个自己，极为冷漠地鞭笞着他，督促他不断前行，不敢有丝毫的懈怠。

从广州返回安徽老家后，高伟没有再回去。"虽然在那边很赚钱，但我不想一直给别人跑腿，也不喜欢让人指着我的鼻子骂我办事不力。”这个石头般倔强硬气的皖北男人,带着几万元的存款,决心在家乡做自己的事业。

20世纪90年代中期,阜阳颍上地区开了煤矿。在朋友的引领下,高伟开始投资做煤炭生意。当时正赶上大批集体乡镇企业改制,很多企业濒临倒闭,根本买不起作为能源的煤炭,煤矿厂的销售状况也因此十分萧条。高伟将自己为数不多的积蓄全投了进去,买来大量的煤,赊给那些急等开工的企业,让企业盈利后再付煤款。

这样一来,一方面煤矿厂积压的煤炭销售出去了;另一方面,企业也可以将资金投入生产去创造利润,皆大欢喜。圈子里口碑相传,来找高伟买煤的企业越来越多,而巨大的销售量也让煤矿厂乐意把煤赊给高伟。到了最后,高伟的公司几乎变成了煤矿厂与众多企业间的中介机构,成本微乎其微,利润滚滚而来。

“做生意讲究‘诚信’二字,我信得过别人,对方也信得过我,生意就很好做了。”在很多人眼里,高伟做生意有点“傻”,一些人从他手里买煤,如果赚钱了,他才会收取一定的利润;如果亏钱了,他会把除成本之外的盈利全部退还给人家。“我遇到很多商人,第一次做煤炭生意就亏得倾家荡产,从此退出这个圈子,但还会介绍他们的朋友从我这里买煤。虽然看起来我没从他们身上赚到钱,但实际上我的客户和朋友越来越多,生意也越做越大。”高伟总结说,“我父亲那个年代,大家都很憨实,精明、善于坑蒙拐骗的人发财了;到我这个年代,大家都变得精明了,反而是看起来很‘傻’、讲诚信、肯‘吃亏’的商人才能成功。”

在许多人眼里,高伟很狂,因为他经常说一些在他人看来不着边际的“狂话”。欠5万多元债务的时候,他说一定能还清,别人都说不可能,结果他还清了;在家里穷得“三月不知肉味”的时候,他说以后要买一辆桑塔纳,别人嘲笑说他买得起摩托车就算不错了,结果5年之后他就买了一辆……他曾说过要做百万富翁、千万富翁,而现在他的身家已经过亿。

高伟的“狂”绝非自大无知,而是一种自我加压。他桌上的烟灰缸里积满了烟头,每天四包香烟的量让人咋舌。“压力太大,我每天都在脑子里写日记,记下今天完成了哪些目标,明天还要完成哪些,给自己定任务。”对于“知足常乐”这句话,高伟一直嗤之以鼻,

“人要一直向前看，向前奔，容易满足、安于现状的人没有前途”。

仁义、智慧，加上勇往直前的斗志与坚毅，这大抵便是高伟的成功之道。

将心比心

小时候过惯了穷日子，现在有钱了，但高伟的生活并没有变得奢靡。这个年届不惑、身家过亿的男人，买衣服时会去翻看价格牌，贵的不买；买香烟时，只买十几块钱一包的普皖……虽然对自己“抠门”，但在慈善事业上，高伟花起钱来可是眼都不眨一下。

高伟办公室的墙上挂满了锦旗，那是他一次次为困难群众、孤残儿童慷慨解囊的见证。四川汶川大地震时，他个人向灾区捐献了10万元；2009年春节，他返乡时给谢桥镇的孤寡老人及贫困户捐赠了20万元的超市购物卡；听说颍上县王家玉儿童福利院的困境后，他又给福利院的孩子们捐赠10万元，帮助他们修建校舍，改善学习和生活环境。

“小时候家里穷，没机会念书。现在一听到贫困家庭的孩子没钱上学，我心里就难受，将心比心，就想帮他们一把。”2009年，高伟个人成立了“高伟爱心基金”，每年资助200名贫困山区的孩子；2010年，高伟积极响应安徽电视台组织的“映山红行动送书下乡爱心活动”，为省内的10所农村小学捐赠了价值10万元的图书；2011年3月，高伟再次捐出20多万元，资助阜阳的200个贫困孩子上学，并斥资建立了8个“爱心书屋”……“我当年资助的一个孩子如今已经是年轻的大学副教授了。”高伟得意地说。

多年来，高伟资助和帮助过的孤寡老人、孤残儿童、困难群众已有1000多人，捐赠金额达数百万元。

如今，高伟在合肥创立的安徽中昊投资担保集团正在不断发展壮大，拥有200多名员工，业务涉及煤炭、房产、建筑等多个领域，总资产过亿，但高伟的野心远不止于此。

“我要挣更多的钱，那样我才能更好地回报社会，为更多需要帮助的人们尽一份力。”高伟摩挲着手中温润的玉，石头般强硬而直接地说。

用“摸爬滚打”概括陈权波这些年在商海的打拼可谓中肯。因为在创业的过程中，他总是还没有来得及享受一下成功的喜悦，困难就接踵而至。不断地起步，不停地摔打，每一次都带着辛酸和小小的遗憾转战下一个战场。

想要一举成功，站稳脚跟，其实很难。可喜的是，在铜陵，他找到了自己的舞台，也找准了自己的路子，实现了跨越和腾飞。

“陈权波 坚强的心”

采访铜陵江南鞋城有限责任公司总经理陈权波是一件快乐的事。40 岁的他是一个有故事的人，在他的身上体现着优秀企业家的品质：真诚、责任、百折不挠、愈挫愈勇的坚韧与执着。从 13 岁随父亲外出打工，到现在拥有数亿元身家，“守志笃行，诚信为怀，开天掘地，有容乃大”的浙商精神在他身上体现得淋漓尽致。我们不得不感慨：一切成功的背后，必有一颗坚强的心。陈权波用 20 多年的奋斗，诠释了一颗坚强的心有多大能量。

一

1970 年末，陈权波出生在浙江省瑞安市一个 1989 年才通公路的贫困山村。他在家里排行老三，上有两个姐姐，下有两个妹妹。

“为了改变贫困的生活，我 13 岁那年，爸爸带着中学没怎么读的我和我的两个姐姐，到温州市租了小房子，买了一辆板车，开始捡垃圾。那时，我的两个妹妹还在家里读书，大姐 17 岁，二姐 15 岁。二姐去做保姆，我在家做饭。

“15 岁到 16 岁，我开始打工，在一家五金厂里做学徒，主要做螺丝、螺帽，一元钱一天。当时年龄小且休息不好，容易犯困，而且因为不懂操作规则，我工作时戴了手套，有一次我犯困，不小心手背卷进了机床，抽出来以后，手指是扁的，一个手指受了伤，因为穷，也没有去医院治疗。至今仍有一个手指是跷的。”

17岁时，陈权波去学油漆，学习了一年，自己出来独立干了半年，由于身体不好，在家休息了半年。至今，陈权波仍很自信地说："我的手艺还是不错的。"

"18 岁时，我特羡慕那些拎着包出去跑业务做生意的人，向往着自己将来也能那样。19 岁时，我父亲已经有了两家废品回收公司，我帮父亲干了一年。那一年，我一个朋友的姐夫卖假烟赚了钱，朋友鼓励我也做。我随他们去福州进了烟，只卖了两条，我就坚持不做了，我感觉做这种事对不起良心。"

20 世纪 90 年代初，温州市流行去广东省贩录像机和香烟到本地卖，陈权波也加入了这个贩卖大军。"这是当时很赚钱的生意，但是很辛苦，而且有风险。因为当时坐车去广东要花 38 个小时，而且因为那时市场不开放，路上有多次检查。进货回来时，为了躲避检查，要坐车 50 多个小时。有一次，我在福建莆田被查，7000 多元的货物被收缴，还给我的只有 2000 元。那一次差点要了我的命，三天时间，我只喝了一罐健力宝。"那一年，陈权波刚刚 20 岁。

二

"做企业，坚忍是必备的品质，在不利的条件下，一定要坚守住阵地。"陈权波说。

1991 年，陈权波在报纸上看到江西省南昌市白天鹅商场在温州市招商。于是，他带了一个品牌的皮鞋到了南昌市。"商场原准备在年底开业，可是到了第二年 7 月都开不了业。货发过去了，没法卖，过了半年，因为皮鞋在热天存放太久质量容易出问题，我只好再找一个商场。"费尽周折，陈权波打动了一个商场的经理，经理划给了他 60 厘米的柜台，从此，陈权波开始了卖鞋子的"大事业"。后来，陈权波进驻了另外几个商场，逐渐把生意做大。在南昌市，陈权波做了 4 年，赚了大约 20 万元，完成了自己的原始积累。因为感觉到前景不好，1995 年初，陈权波把南昌市的生意交给了帮他送货的小伙子，回家结婚、生子。

不久后，陈权波在温州市承包了一个皮鞋厂，因为没有商标，做得很累。但是，转折就在这个时候出现了。"1996 年的腊月二十四,下着大雪,我去南昌要债。我有一个朋友在铜陵,经过铜陵时,朋友劝我到铜陵发展,考察过后,我接受了朋友的建议。"1997 年,陈权波关掉开了 2 年的皮鞋厂。1998 年,他在铜陵市百货大楼的楼梯口承包了一个 80 平方米的柜台,引进了一个皮鞋的品牌进行销售,"21 天里,我的销售额达到了 22 万元"。后来,陈权波代理的皮鞋出现了质量问题,工商行政管理局来检查,商场要求他第二天就把所有货物搬走,他只好重新找商场。

陈权波与朋友合伙花了 120 万元,租下了商场的一层楼,1998 年的下半年开业。"到了第二年,生意就一直亏损,没钱进货,无法支撑下去。接着,我的两个合作伙伴撤股。那是我人生中最困难的一段,半个月之内我要还给另外两位股东 80 万元,而且新店铺还要装修进货,当时是大姐和爸爸帮了我 30 万元。"

陈权波在南昌市认识的一个皮鞋厂厂长到铜陵市,他们合作开了另外一家鞋店。"2001 年到 2003 年的时候都是赚钱,2004 年他回南昌,我独自打拼。"陈权波说。

三

2004 年,当时铜陵饭店面临倒闭,准备接手的有好几个人。陈权波给出了超出饭店原定租金的价格,并在一开始就支付 60 万元现金,并且承诺安排原来的所有员工。

"当时所有人都给我泼冷水,认为我不可能成功。在快过年的时候,我在饭店里关上灯,于一片漆黑中,苦苦思考自己能否坚持下去。

"我是正月初五的生日,可是为了赶在初六开工,改造和装修承包下的饭店,我却不能在家里过生日。家人都劝我过些日子再走,我还是毅然在初五就赶到铜陵市开工。装修共进行了 11 个月,其间,我租金照付。装修花了 500 多万元,到真正开张的已投资 800 多万元。11 个月后,我把一楼、二楼改成了商场,四楼至七楼继续做饭店。开张两三个月生意就非常好,许多有名的品牌就来找我,要进入商场。"第一年,公司的营业额达到了 800 万元;第二年,营业额达到 1600 万元。2006 年,陈权波将以前成立的江南商贸有限责任公司及江南鞋业有限公司合并为江南鞋城有限责任公司。

随着生意的好转,陈权波把目光投向了商业地产。与别人不同的是,他不做开发,只是用他敏锐而超前的眼光购买黄金地段的商业门面。他所投资的商业地产在几年后都有了惊人的升值和回报:一处当时花600万元买下的门面,现在价值1800万元;另一处门面当初花了2000万元,现在价值超过6000万元;还有一处购买时的价格是3500万元,现在市值1.2亿元。在铜陵市最繁华的长江路上,陈权波有13处商业地产。他的朋友说,长江路上近三分之一的店面是陈权波的。

作为企业家,对社会的贡献不仅在于创造了多少财富,而且还在于承担了多大的社会责任。有容乃大,企业家的胸怀决定了企业的未来,也决定了对于财富、对于责任、对于社会的不同看法。现在的陈权波从容自信、勇担责任,不仅站得更高,看得更远,而且具有宽广的胸襟、博大的胸怀,承担起了更多的社会责任。

现在虽然陈权波有的生意不挣钱,但他依然做下去。陈权波说得好,"因为我不能丢下我的员工"。对于员工的社会保险和福利,陈权波都尽力保障。每一年,陈权波都是当地支持贫困学生最多最积极的企业家。

春天花会开，鸟儿自由自在。李武的不折不挠只为造林，要在石头山上种树。这是常人敢想不敢做的事，他却一个劲地要啃这些骨头。

植树是造福子孙后代的事，从这个意义上讲，李武的创业真的不是为钱，更多的是为社会生态做贡献。事实上，造林也真的没有给李武带来多少经济收益，始终都是公益的。但是信仰让经济利益变得不再重要。

“李武 誓把石山变林园”

石头山上能不能种树？答案是能。一个人，用了20余年光阴，种下4000多亩的林地！难以想象，20年前，那个男人带着洋镐和铁锹，攀上那片光秃秃的山峰，劈开石头，回填泥土，种下一棵、两棵、三棵……上万棵树苗，那需要怎样的勇气、坚毅、执着以及倔强！

这个男人，就是宿州市萧县众诚荒山开发有限公司总经理李武。

穷山恶水出“刁民”

“你要是春天来，满山的果树都开花了，那时候更好看。”李武站在一排被用作办公室的平房前，眺望着数百米开外的山峰，有些遗憾地告诉记者。山坡上下，虽然仍可以看到一块块裸露的坚硬岩石，但映入眼帘的，更多的是成片的绿色。

20年前，这些山坡上是见不到绿色的。方圆数千亩山坡上，尽是灰白色的岩石，几座山体就像是一块块巨石，不带一丝生气，冷漠地压在山脚下村落里的村民们心头。

这里是宿州萧县龙城镇，地处皖北，属石灰岩山地，山体表面缺土，山石石质坚硬，气候干旱少雨。一遇大风天，村子里就刮“沙尘暴”，人们只能躲在屋里不出来，自然条件极其恶劣。李武就出生在龙城镇梅村一个普通的农民家庭，家境贫寒。初中毕业后，家中已无力供其念书，李武便辍学回家务了几年农。19岁那年，李武应朋友之邀，远赴云南去做生意。在那里他待了一年多，生意没做出什么眉目，倒是云南那如画的风景在他年轻的心灵上留下了极深的烙印。回到家乡后，李武看着村边那几座自己从小看到大都没有一丝变化和生气的石山，越看越不顺眼。

“凭什么人家那边的山上到处都是树，到处都是花，我们这边的山却是光秃秃的？我非要让这些山也变绿！”一个刮着风沙的平常日子里，20 岁的李武用力地挥了挥手，向村里一起长大的几个同伴诉说了自己的不甘。没有人把这句话当真。也许连李武自己也没有想到，青年时那一个不经意的轻狂想法，竟成为他一生为之奋斗的目标。

人与山的战斗

1989 年春天，李武不顾亲朋好友的劝阻，毅然承包了村西一座堤坝残缺的水库及其周边 200 亩荒山坡地，拿出家里全部的积蓄，带上几个愿意跟他一起干的年轻伙伴，开始向“穷山恶水”宣战。

石质山造林绿化难度大，一向被看作是造林“禁区”。如何才能在岩石坡面上种活一棵树，这曾经是困扰林业部门多年的难题，在种植模式、树种选择、整地标准、抚育技术等方面都有讲究。而当年的李武什么都不懂，凭借的只是年轻人身上的那股悍勇之气。

他们每天起早贪黑，完全靠人工开山植树，用火药“放炮”炸开坚硬的岩石，用洋镐和铁钎凿碎石块，挖出树穴，然后把一筐筐的泥土从山下背到山上，回填到树穴里，栽上树苗，再从山下拎来一桶桶水进行浇灌。日复一日，无止无休。

李浩是从一开始就跟着李武开山植树，一直坚持到现在的老伙伴之一，对于当年的情景至今记忆犹新。“那时候我们吃住都在山上，用砖头在地上垒个灶，拿脸盆装水放在上面，从水库里捞鱼虾煮着吃，吃完把脸盆翻过来一扣，就趴在上面睡觉了。”李浩挠了挠他那已经布满银丝的短发，感慨地说，“那时候真苦，夏天就直接睡地上，冬天搭个遮挡风雪的棚子，每天除了吃饭、睡觉，剩下的时间全在干活。”

一晃数年过去了，手上磨出了血泡，破了，结痂，结茧，再磨出血泡……一些人受不了那份罪，陆续离开了。在一次开山作业中，李武的右腿摔伤了，医生告诫他要打石膏卧床静养。但李武仅抹了点药，又返回山上继续干起来，结果耽误了治疗时机，留下了后遗症，现在一到阴寒天气，他的腿便会疼，甚至会一屁股摔坐在地上。

为了购买树苗，李武花光了家里所有的钱，甚至把房子都卖了。父母为了支持他，把家里养的猪和羊也全都卖了。年底，他没有钱给雇工结算工钱，就让人家来分自己承包的水库里养的鱼，以此抵钱。鱼不多，当他4岁大的儿子走过来，准备拿鱼回家过年时，李武手里只剩下两条从朋友那匀过来的小鱼。

"爸，你不能多给我两条鱼吗？我带回去给奶奶吃。"面对儿子那张委屈的小脸，李武这个开山辟石、心神坚毅的汉子，终于忍不住流下泪来。

为谁以及为何而战

每天早上，李落银喜欢背着手，叼着自己的旱烟袋，顺着山间新修好的水泥盘山路，慢慢悠悠地走向山腰的养鸡场。他会惬意地聆听树林里鸟雀的鸣叫，或是眯着眼，端详一番路边结满花骨朵的果树枝丫。

李落银今年66岁，是龙城镇梅村的一位村民，前几年在外地以拾破烂为生，回到家乡后，便在李武承包的山上帮着养鸡，每月能有千元的工资。"要不是小武，附近这些山怎么能是现在这个样子？"李落银吧嗒了两口烟，笑眯眯地说，"以前这些山上都是光秃秃的，到处是石头，连条能走的路都没有。现在这些盘山路、附近的七八座桥，都是后来一点点修出来的。"

从2000年开始，得到萧县林业部门在资金、技术和项目上的大力支持后，李武改变了原始的手工作业方式，拉出一副大兵团作战的架势，租用并逐渐购买了大批的机械，开发速度迅速加快。2002年4月，李武注册成立了萧县众诚荒山综合开发有限公司，承包荒山土地7000多亩。

在李武的公司里，日常的30余名工人全都是附近村庄里的村民，在植树、剪枝、打药、采摘等特定时期，还能为周边的村民们提供数百个工作岗位。多年来，李武一直无偿向周边的乡亲们提供金太阳杏等优质果树苗木，并牵头成立了萧县龙城镇山杂果生产协会和萧县山杂果产销一体化服务中心，先后发展会员800余人，共有1000多户农民通过种"摇钱树"发了财。

"有人说李武真发了，实际上他真没发。"跟着李武干了12年的生产技术人员陈县合告诉记者，国家支持他1块钱，他能花掉1块5到2块，还要倒贴。"我每次都对人家说，李武银行里的存款肯定没你们的多。"

"干了这么多年，我感觉最对不起的就是我的家人，还有那些一直跟着我干的伙伴们，没能让他们发上财。"提及此事，李武坚毅的双眼中无法抑制地涌上一股浓浓的内疚。很多人都问李武："这么多年来你不干别的，拼命种树究竟是为了什么？""说出来也许人家不信，我不为名也不为利，我就是喜欢树，就是想要把家乡这些秃山变成大园林！这就是我这辈子奋斗的目标和动力。"李武说。

打造心中的绿色王国

在前不久举行的全省林业局局长会议上，李武作为造林典型，就如何发展林业、带动一方百姓致富做了发言。经过20年的努力，李武承包的4700亩山地上，栽植了生态景观林及经济林苗木24个品种、67万余株，目前适合种植的山地中，绿化率达到了90%以上，完成了3000多亩山地梯田建设工程，土石方近150万方。

"萧县23个乡镇中，总面积30余万亩的山地主要集中在10个乡镇，大部分都是石质山。李武个人承包面积目前是全省第一，他的造林经历也非常值得尊敬和推广。"萧县林业局营林股的谢继任股长告诉记者，"十二五"期间，我省森林面积要由5706万亩增至6000万亩，森林覆盖率要由27.5%增至29%。眼下全省宜林地区造林已不多，而300万亩石质山目前绿化不到10%，推广像李武这样的造林典型的经验，绿化石质山，对实现上述目标意义重大。"县政府以及宿州市政府都已经将对李武造林事业的扶持，纳入促进经济发展的‘十二五’规划当中了。”

目前，李武承包的荒山面积已经扩大到8000亩，建立了林下生态养殖场3个，养鸡3万只、鹅4000只；利用水库搞立体养殖，放养淡水鱼苗13万尾；同时建立杏鲍菇食用菌种植场1处，预计年生产高档食用菌150万公斤；建立有机蔬菜基地50亩、苗圃基地26亩，培育高档绿化苗木8个品种近3万株，初步建成集生态经果林业、林下养殖、食用菌栽培、水产养殖、无公害蔬菜种植、林业苗圃六大支柱产业体系。

“这是‘以短养长’的模式，用经济效益周期短、见效快的经济项目，来维持耗时耗钱的生态项目，一切都是为了山上那一片片的生态林。”李武告诉记者，他最近正忙着规划他的“梅村生态园”，要将自己的承包区域建设成为一处包括生态风景林区、特色经果林采摘区、无公害蔬菜瓜果栽培区、循环生态养殖区、食用菌生产区、休闲疗养区、农家乐体验区等，集观光、餐饮、休闲、康乐于一体的规模化生态园区。

“我们现在的园区已经是国家AA级景区，镇上很多年轻人拍婚纱照都跑到我们山上取景呢。”在食堂吃饭时，一位负责修剪树枝的女工自豪地告诉记者。

李银才 做一个有想法的农民

李银才是个能人，搞鼓什么都能赚钱，在农民中，还真是个佼佼者。这其中的缘由好像不难看出，不是他有多少天分、才华，而是他处处做个有心人。他总是闲不住，总是在思考。

思考是人类固有的品质，只不过李银才在不知不觉中将其运用到了极致，创业若信手拈来，一做一个准。

"我就是一个农民。"近3个小时的专访中，李银才把这句话重复了七次。他如此强调自己的出身，是因为担心"说不好话"。实际上，这个36岁的桐城男人思路清晰，口若悬河，言语间激情四溢而隐蕴豪气，毫无人们印象中传统农民的那种老实与木讷。也许这与他丰富的经历有关。

李银才的故事，可以说就是一部现代农民的奋斗史。

"混"在外面的日子

李银才家里兄弟四个，他是老幺，从小就被父母和哥哥们惯着，养成了一身的执拗脾气。1989年高中毕业以后，他像哥哥们一样选择了外出打工，"就是想出去见见世面"。几年间，他辗转于北京、辽宁等多个城市，在工地上拌过混凝土，也在人家家里做过木匠活，虽没赚到多少钱，但增长了不少见识，胆子也渐渐大了起来。

1992年，在改革开放的大背景下，全国掀起了"学习张家港"的热潮。那一年，17岁的李银才怀揣50元积蓄，单枪匹马闯荡到了张家港，很快就在一个建筑工地上找到了一份工作。很多年之后，他仍然能很清晰地记得，就在那个工地上，他迈出了转变自己人生轨迹的第一步。

到张家港半个月后的一天，少年李银才正在灼热阳光照射下的工地上搅拌混凝土，忽然萌生出了懒惰之心。他看着不远处悠闲地往栏杆上刷着油漆的工友,心里寻思:他的工作可比拌混凝土轻松多了,不就是调匀一桶油漆拿把刷子刷一下,这我也能干。他直截了当地找到了老板:"现在油漆工缺人,我也是会做油漆活计的。"于是,杂工李银才变成了油漆工,不用再去干那些沉重的体力活了。然而他毕竟对油漆工种一窍不通,所以心中还是有些忐忑,眼下刷栏杆的活没什么技术含量,可栏杆刷完之后又能做什么呢?

就在李银才一边刷着栏杆一边担忧的时候,一个来自上海的老板到张家港招工。看到正挥舞着刷子埋头苦干的李银才,老板就问他:"我正在招油漆工,愿不愿意跟我到上海去?包吃住,一天给你25元工钱。"李银才如获大赦,毫不犹豫地跟着这位老板跑去了上海。在上海的工地上,李银才早起晚睡,勤奋且手脚麻利地给一些老油漆工打杂做下手。老工人们都挺喜欢这个聪明勤恳的少年,给了他不少技巧上的指点。一个月后,当李银才回到了张家港,他居然真成了一名油漆工,而且基本功扎实,技巧娴熟。

这件事让张家港工地上的老板对17岁的李银才颇为欣赏,让他做了公司的代办。这个工作让李银才对建筑行业的运作流程和进货渠道、行情有了深入的了解。数月之后,他开始自己包工,半年之后,他有了自己的施工队。

1993年至2000年,李银才的施工队在张家港混得风生水起,接了不少大大小小的工程。然而一单做了3年多的工程的失利,让李银才的建筑业生涯戛然而止,多年的积蓄也荡然无存。

闲不住的人

李银才是个极擅"钻营"的人。你会发现,他在任何时候任何地方任何情形之下,总是在钻研经营之道,并且还总能找到赚钱的方法。如果说在外闯荡的李银才身上凸显出的是大胆与闯劲,那返乡之后的他,则把这种"钻营"精神发挥得淋漓尽致。

2000年,李银才带着有了身孕的妻子回到安徽桐城老家。妻子在家里待产,平静的日子里,闲不住的李银才又开始动起脑筋。

乡里人爱喝酒,李银才花1万元从妻子的湖北娘家那边买回了一份酿酒的配方,自己在家开起了酿酒厂。因为心疼酿酒剩下的酒糟，他又决定拿酒糟和糠来养猪。朋友们劝他："你是不是疯了？好好的老板不当，在家养猪。"乡亲们冷嘲热讽："什么老板啊，在外面混不下去了，要跑回来养猪呢。"面对纷纭人言，李银才不为所动，执拗地付诸行动。他把自家原来的牛棚改造成了猪圈，购进了十几头猪苗，搬回了一大堆关于养殖的书，边学边养。8个月之后，他赚了2000元钱。这点微薄的利润却让这个之前动辄百万资金过手的老板孩童般愉悦兴奋，因为对他来说，这是一次自我的胜利。

因为养猪要运饲料，李银才花15000元买了辆二手的皮卡，每次到城里去拉货，驾驶室里的双排座又被他利用起来运载几个从城里返乡的乘客。单单这"兼职"搞运营，一年下来居然都给他挣了1万多元。有了资金，李银才新建了130多平方米的猪圈，存栏的猪苗也扩到了60多头。2005年，他又买了一辆二手的金杯，在养猪之余专职载客搞运营，一年又赚了3万多元。"我就是闲不下来，想多做一些事情，我算是一个有想法的农民吧。"李银才给自己下了个定义。

2006年，李银才投资20万元入股朋友经营的一家大型养猪场，做起了技术管理。这个只有高中学历的农民，运用自己总结出来的"市场经济学"，通过对不同时段市场供求关系变化的分析，精心安排调控配种、出栏的时机，把大大小小的事情操持得井井有条，经济效益日益丰厚。2009年，当李银才从养殖场撤股离开后，管理一度陷入混乱，当年亏损了80多万元。负责人至今见到李银才还会感叹："还是你在的时候好啊！"

2009年1月，李银才斥资50万元，注册成立了桐城市银美生态养殖有限公司，并在桐城市塘湾镇碓冲水库附近租赁了150亩土地，办起了生态养殖示范园。这个闲不住的人，又开始打造自己的事业"航母"。

"银美号"的起航

"蓝天绿水，青山叠翠。建基地，兴养殖，始诞生了今日的银美。"

这是银美生态养殖有限公司宣传册中企业简介的头一句话。

这本企业宣传册图文并茂，制作精美，从内容到版式再到文案，全部由农民李银才一人包揽。公司LOGO也是他自己设计、亲笔绘就。在到省城办理商标注册时，李银才大谈LOGO的三层内涵，把办事人员侃得直愣，商标注册一次通过，无须任何修改。商标注册处的负责人半开玩笑半认真地对李银才说："我这正缺人，不如你到我这来干吧。"李银才一笑置之。

"我就是一个农民，想法很实在，先把品牌做出来，再把流通做好，最后再进行产业化。"李银才在解释为何一开始就注册商标时如是说。颇具品牌意识的他，又自己为养殖的鸡鸭设计了一种脚环，上面有公司的联系方式及防伪标志。"我要让人家一看就知道，这是银美的鸡，那是银美的鸭！"除此之外，他还在流通细节上做文章，设计出一种既通风透气又方便携带的纸箱。"逢年过节人们买鸡鸭送礼，活的不好拿，死的又感觉不新鲜，买我们银美的产品，既方便又美观。"

饲养方面更是难不倒仿佛万事皆能的李银才。他以稻米、玉米为主食，辅以蚯蚓等喂养，鸡在山林里放养，鸭在水库中畅游，它们的粪便又成为鱼的饵料，从而形成了一个立体养殖系统。"我们的鸡鸭吃的是五谷杂粮，喝的是高山泉水，不吃饲料，生长周期长，肉质鲜美，营养丰富。"说起自己一手打理出来的事业，李银才颇为自得。

2009年，银美公司出栏鸡25000只、鸭18000只、鱼25000斤，年销售额达320多万元，带动周边农户120户共同致富，形成了"公司+农户+养殖基地"的经营模式。"2009年下大雪，压垮了饲养棚，死了4000多只鸭子，我心里难过死了。"忆起过程中的艰辛，李银才唏嘘不已。为了照顾好这些鸡鸭，李银才一家三口至今仍住在养殖园矮小破旧的工棚里。

谈及以后的发展，李银才说他打算把养殖园打造成集种植、养殖、休闲、垂钓、农业观光为一体的农家乐，"春天赏花、观鸟，夏天垂钓、划船，秋天休养、采摘，冬天滑冰、捕鱼"。此外，李银才还想上马生产线，搞产品的深加工，"先做冷鲜食品，之后再做熟食"。对于未来，"有思想的农民"李银才有着长远的规划、充足的信心。

黄继宝 坚守梦想，燃情创业

> 办让更多孩子上得起的学校，让农民也能有成长的希望——为此，黄继宝顶着巨大的压力，开始办学。
>
> 教育从来都被认为是民族的希望。对于一方百姓来说，要想发家致富，没有文化知识和一技之长是不行的。黄继宝的着眼点就在这里，他让农民学习文化知识，开展技能培训，让他们学有所长，“传帮带”。这一股力量，会让田野更绿，洋房更高。

赢在创业，贵在坚持。充满创业梦想和创业激情的你，也许曾经因为没有背景、没有金钱、没有深厚的人脉而怀疑自己、怀疑成功，从而徘徊不前。相信自己，努力奋斗，你可以像黄继宝一样成功!

2005年毕业于解放军炮兵学院计算机系的黄继宝，现任濉溪精英中等职业技术学校校长。大学毕业后，黄继宝放弃留校任教的机会，毅然返乡创业，在市、县各级组织和亲朋的支持、帮助下，成功创办濉溪精英职业学校。数年来，学校共培养各类技能人才7000余人，培训农民工并解决就业近3000人。黄继宝也先后被评为“安徽省农民创业带头人”、“安徽省德育工作先进个人”、“淮北市十大创业青年”、“濉溪县青年创业导师”，并当选为淮北市青年协会理事。濉溪电视台、淮北市电视台和《淮北日报》等媒体对他的创业经历进行过12次专题报道。

为读书，校长室外站一周

黄继宝出生在濉溪县偏僻的钟楼乡。家里穷，父母为了家里的生计，带着仅有的几十元钱到处奔波做小生意。10来岁的黄继宝就毅然挑起家庭的重担，带着4岁的弟弟操持家庭生活。说起那时候，他记忆犹新：“那时候跟着爸妈在菜市场卖菜，做了一段时间，感觉太苦了，就想上学。可是家里生活都保证不了，学费就别提了。”

上中学时，家里穷，交不起学费。为了能上学，性格倔强的黄继宝就站在濉溪二中校长办公室门前,请求入校读书。“那时候,我真站了一个星期,因为实在没办法。上学要好几百,没有钱交学费,我就求校长收我。”这打动了校长善良的心,校长破格让他免费入学。从他站在校长办公室门前的那一刻起,一颗梦想办学的种子就深深地埋在他的心里:办一所让穷人的孩子能上好学、农家的孩子能前途更广阔的学校。如今,年少的梦想长成青春的大树,并结出灿烂的果实——濉溪精英中等职业技术学校,这是淮北市在校学生人数最多、输送人才最多、减免学费最多的民办职业中专学校。

艰苦的童年生活造就了他坚强不屈、勇于担当的性格,并使他将一腔热血用于发愤苦读。从初中至大学,他的学习成绩一直名列前茅,大学期间多次被评为“优秀班干部”,年年获得奖学金。

在学习之余,黄继宝充分发挥自己协调能力、组织能力强的优势,积极参加社会活动,锻炼自己的综合能力。在濉溪二中高中学习期间,他担任班长、校学生会主席;在炮兵学院学习期间,担任学校学生会主席的同时,被组织任命为炮兵学院唯一的学生团委书记,并于2002年光荣地加入了中国共产党。

磨破嘴皮,首招90名学生

黄继宝创校伊始,社会不认同,家长不接受,资金难、招生难等常人不敢想象的困难被他以不屈的精神一一克服。不顾家里的反对,放弃大学毕业后可以留校任教的机遇的他,为了实现自己的办学理想,将别人的冷嘲热讽当成耳旁风。面对筹集资金的困难,家庭本身就不富裕的他,磨破嘴皮四处筹集、八方借款,一个部门一个部门地跑,终于引起领导的重视,在办学经费、场地协调等方面,政府都给予很大的扶持。面对第一年的招生难局面,黄继宝带领一同创业的骨干,坐上公交车或骑上摩托车,挨家挨户跑宣传,足迹遍布濉溪县18个乡镇的40多所学校、1200余户家庭。功夫不负有心人,第一年招生90多名,为精英学校的发展奠定了坚实基础。

2007年,黄继宝将学校迁至濉溪县委党校租赁校舍办学。校舍建筑面积12000多平方米,通过加大硬件投入,现拥有教室16间、机房8间、多媒体教室9间,宿舍、食堂3600平方米,实现了学习、住宿、就餐一体化的封闭式管理。在学校的管理上,他坚持“严谨治校、严谨治教、严谨治学”的管理原则,完善机构设置、工作规范、考核细则、激励条例,制定教学、管理、后勤等各项规章制度76项。现在,濉溪精英中等职业技术学校的校风校纪在淮北市的民办学校中首屈一指,学校被市政府、市教育局、市人社局评为“淮北市民办职业示范学校”。

“梅花香自苦寒来”,黄继宝凭着顽强的拼搏精神克服了创业的各种困难,不断加强学校基础设施和管理能力建设,并逐步开拓出企业、学校、社会、家长,全方位、多层次、四位一体的教育管理格局。精英职业学校现已成为拥有在校生650人、教职工67人、校舍面积12000多平方米的淮北职教的典范。

黄继宝特别注重对学生综合素质的培养。按需执教、分类指导、培养特长、突出创新的管理模式,已成为淮北市职教学校中一道独特的风景,形成了“以学生为主体,以教师为主导,以就业为导向”的全新教学模式。他将培养人作为重要目标,大力强化素质教育,诚聘教育专家进校管理,学校有校歌、班歌,青年社团有会歌,有每周的升旗仪式、18岁成人宣誓仪式、学生生日励语仪式、青年志愿者仪式、准军事化的训练与培养等。

就业,对职业学校来说是至关重要的环节。黄继宝大力推进就业模式创新,积极借助濉溪县招商引资平台,组织师生参加29场人才推介会,并在97家大中企业建立就业基地。近年来,学校共向台湾华硕(苏州)电脑、兴业银行(上海)数据中心、常熟金象电子生产公司等数十家国内享有盛名的企业输送人才2300人,学生年均收入在32000元以上。黄继宝自己在走着创业路,他也积极鼓励学生自主创业,向自主创业的16名学生提供5万余元的“创业基金”,并坚持定期了解学生的创业进展,开展创业辅导。在学校和黄继宝的支持下,该校学生自主创业经营的蓝天广告装潢、飞凡电脑硬件和精英数据录入公司等企业已初具规模。

在办学之初,黄继宝就为自己定下了“不以盈利为目的”的基本原则。他采取一系列措施,为贫困生减免学杂费,并将学费收入的7%专项用于校内学费减免以及助学金、奖学金和特殊困难补助的发放。办学几年来,学校累计减免学杂费34.32万元,发放奖学金

19.6万元，以减免学费等形式培训农村贫困青年、下岗职工、残疾人近900人次。他还努力回报社会，带领学生参加扶老助残、关爱留守儿童社会公益活动56次，为孤寡老人、困难群众、留守儿童送去生活用品、电脑等，价值10余万元。

创品牌，争做皖北民办职教名校

“创业有起点，事业无终点”。黄继宝和精英职业学校决心以提升素质、创新机制、优化战略为抓手，努力把精英学校办成淮北首屈一指、皖北地区具有较大影响力的民办职教第一名校。

他始终坚持把学习作为创业的基础，坚持每天抽出2—3小时，研究中职学校发展经验和教育案例，认真总结并记录20余万字的工作日志，提升了理论和管理水平。同时，他利用3年时间参加安徽工商管理学院举办的“工商行政管理专业研究生课程班”的学习。不仅自己在进步，他还坚持把打造精英教师队伍作为学校发展的基础和重要目标。学校共吸引56名责任心强、能力出众的大学本科毕业生和研究生到校任教，聘请原陕西能源学院刘华民院长担任常务校长，对教师实行“传帮带”。目前，19名教师成长为中层干部，2人成为副校长，学校已形成和谐发展的精英团队。

在做大做强民办职教的基础上，黄继宝积极推进联合办学。学校与淮北师范大学联合开办高等教育大专学历教育，将高等教育与职业教育、师资培训联合，实现优势互补、资源共享，得到前来视察的省、市的领导和教育专家的充分肯定和赞许。学校始终以推进农村劳动力转移为己任，利用职业教育优势，积极开展农民工技能培训和阳光工程培训，被淮北市人社局确定为“淮北市农民工定点培训机构”，被市农委认定为“阳光工程定点培训机构”。迄今为止，学校已培训农民技能工2376人，职业技能鉴定合格人数2365人，合格率为99.2%，通过阳光工程培训并安置就业1345人，打造了富有特色的职业技能培训基地。

金玉琴 凤舞山区展英姿

对于创业者来说，资金不是问题，想办法筹集；人才不是问题，想办法指引。但是思路很重要，我们都说，思路决定出路。金玉琴把这一点看得很透，她知道要什么、怎么做。

木炭在有心人眼里可以变金子。就像金刚石和石墨，价值相去万里，却同根同源。创业就是要变废为宝，变无用为有用、为大用。守着竹林做文章，青山不改，绿水长流。

黟县洪星乡是黄山市有名的林业大乡，森林覆盖率达86%，木竹资源相当丰富，1996年被授予“黄山市小康之乡”荣誉称号。但是，由于市场格局的变化和信息、观念的制约，山区林农仍然走在旧的农村经济模式上，每家每户都还是简单出售山场上的木竹原料，附加值极低，林农收益甚微。“小康乡”的林农不再小康了，广大林农困惑：这木头和毛竹不值钱了，我们的出路在哪？

金玉琴，这位出生在贵州省福泉市偏僻山村的美丽又聪慧的布依族姑娘，初中毕业后，因婚嫁落户在洪星乡红光村。有着过人胆识和远见的她，看到这里满山的木竹资源和乡亲们困惑的眼光，她的心揪紧了。经过2个多月的留心观察，一个大胆的计划在她的脑中产生了：创办一个木竹加工厂，不能让这么好的资源白白浪费掉，要让乡亲们重新过上小康日子。

为此，金玉琴先做通了公婆的思想工作，在得到了长辈的支持后，她又说服了丈夫帮助她共同实现这个计划。在初步摸清当地木竹资源及市场行情的前提下，金玉琴借助国家鼓励和扶持个体经济发展的大好时机，自筹资金10万元，于1998年9月正式注册了黄山市黟县金元木制品工艺厂。企业从创建之初的不足10人、固定资产仅7.5万元、年产值不到10万元的家庭作坊式加工厂，发展到今天拥有员工64余人，固定资产投资650.3万元，产品远销日本、澳大利亚，经济效益也逐年攀升。2010年，企业完成总产值721.4万元，上缴国家税金33万余元；2011年，企业完成总产值

1000万元。

建厂初期，由于产品结构的单一和市场信息的缺乏，企业一度举步维艰。身为厂长的金玉琴深感肩上的担子很重，她带领全体员工一边要忙生产，一边还要找销路。为了扩大企业的市场占有额和知名度，起初她与丈夫一同跟其他企业的销售员学习跑市场、联系客户。经过数月的努力，他们积累了几家固定的客户，她的劲头更足了，便独自一人多次赴江苏、河南、北京及东北地区推销企业产品。创业者的拼搏精神感染着企业的所有员工，企业上下齐心协力，从锯料、粗加工，到精刨、打磨、装配等，每一道工序和生产环节都严把质量关，绝不让一件次品流入客户手中。企业的发展逐渐走上了正轨，持续发展。

“一山还比一山高”，在市场经济中，大浪淘沙，适者生存。身为厂长的金玉琴深知自身的差距，小作坊经营已不能适应企业的发展，小打小闹固然可以在市场经济中博得一席之地，但科技水平低下、管理落后和产品结构单一的弊病也渐渐显露。于是，一方面，她把发展的目光投向了扩大企业规模和进行企业技术改造，提高科技含量。2005 年下半年，在当地乡政府的牵线搭桥下，公司先后与东北双盛和浙江安吉万荣公司成功洽谈联营项目，投资 35 万元新建精制烘烤车间，新增无级变速砂光机器 1 台、压刨机床 2 台及其他机械生产设备；2008 年下半年，又投资 120 万元，新建厂房 2000 平方米，进一步扩大企业生产规模。另一方面，她报名参加了省委党校函授学院经管专业大专班，在坚持不断地给自己充电，努力提高自身管理水平和能力的同时，她还坚持每年征订《安徽日报》、《中国乡镇企业报》和《江淮》等十几种报纸杂志和其他读物供员工阅读、学习，不断丰富和提高企业员工的政治、文化素质和市场意识。“素质教育”使企业员工如沐春风细雨，“科技带动生产力，实现与产业最佳结合，创造新时期加工产业的辉煌”逐步成为金元木制品工艺厂全体员工的共识。

2004年，县政府对全县木竹加工企业实行了“留大保存、去小除劣、宁缺毋滥”的有效整合，清理和关闭了部分生产技术和设备落后、资源耗费大、企业规模小的木竹加工企业。在继续提升木竹资源利用率和附加值的同时，使“企业与产业的有效结合，实现企业规模扩张”成为金元木制品工艺厂的发展重心。为此,金玉琴就调整企业发展思路,围绕“山上建基地、山下办工厂、山外闯市场”经营策略,实行“基地+木制品工艺厂+农户”的林业产业化的发展路子,积极储备生产资源。她投资45.5余万元,买断了县木材公司和村集体的2636亩中幼林山场(其中宜林荒山450亩)的经营权,创办了黟县洪星乡方家岭综合林场。她还先后投资30余万元,营造杉木、毛竹混交经济林和次生林改造2636亩,作为企业持续发展的木竹资源基地。

创业,最需要的不是资金,也不是人才,而是一个好的思路。没有资金,可以筹集;没有人才,可以召集。而没有一个好的思路,就很难找来资金和人才,所以说,创业思路决定企业的出路。

林场建起来了,山变绿了,金玉琴的企业扩张的力量也积累起来了。近年来,由于受到国际金融危机冲击的影响,林场营造的2636亩杉木毛竹混交经济林虽已完成,但是距采伐盛期还有15年。为了使企业求生存、求发展,寻求最佳的发展空间,实现与产业最佳结合的循环空间,实现与产业最佳结合的循环经济,使基地近期发挥效益,2010年,金玉琴又把目光投向了高山生态养殖上。她利用林场现有的2636亩生态经济林山场的有利资源,到2011年已投资60余万元,开发高山生态多元养殖。她将传统养殖和现代科学技术相结合,实现放养和网养相结合的规模养殖,既降低了林区苗木的草害以及病虫害的发生率,减少农药的使用量,减轻幼林抚育的强度,使排泄物培植土壤,变废为宝,净化自然环境,又为农村贫困家庭和贫困妇女增加了就业机会,帮助和带动周边群众共同致富,繁荣山区农村经济,为推动山区发展生态养殖业起到了良好的示范带动作用。

金玉琴的木制品工艺厂在稳步发展,效益日渐显著。随着企业的迅速发展,作为厂长金玉琴并没有忘记当初创办加工厂的初衷,就是想与乡亲们一起再过上小康日子。由于生产需要,她每年都要招收新员工,招工的条件很特殊:家庭困难,勤劳又致富无门,且贫困妇女优先。正是这样的特殊招工条件,帮助了很多贫困家庭和贫困妇女。为使员工能够安心上班和生活,她还专门建造了员工宿舍和食堂。同时,她向当地林农收购的木材每立方米单价均高出其他地方收购价40—50元。全村800口人,仅出售木材一项,全村林农就人均增收200元。每年的六一儿童节、教师节及乡、村两级开展的各项公益活动等,她都积极赞助。她还经常把厂里的木材下脚料和板皮等无偿送给孤寡老人当柴火烧。由于她依法经营、按章纳税以及热心社会公益事业,全体村民对她有很高的口碑。她曾先后当选为安徽省第八次党代会代表,省妇女十大、十一大代表,县政协七届、八届委员,被授予全国"双学双比"女能手,省劳动模范,市、县"巾帼建功"标兵,县回乡创办企业带头人,"三八"红旗手和"双带"先进个人等荣誉称号;其家庭也连年被评为"五好文明家庭"。

东风劲吹,万树生花。对于金元木制品工艺厂未来的发展,金玉琴满怀信心。她将不断更新观念,完善经营理念,引领金元木制品工艺厂飞得更高、更远。

吴海兵 人生奋斗自顺达

有时候，我们都在纠结于创业到底是个什么时间概念。是从创业算起，还是从创业起步开始，抑或是从立稳脚跟算起？失败的创业算不算创业？创业取得一定的成就之后，是否就宣告创业已完结，从此走向守业？

其实生活中极少有泾渭分明的创业轨道，我们很难用时间节点逐条分析创业之路。因为没有一种创业是与其他雷同，甚至相似的。这里说的是事实传达给我们的信息，非言本质。

吴海兵的创业之路更真实地告诉我们，创业

吴海兵，37岁，硕士研究生，现任铜陵市郊区政协副主席、市工商联副会长、铜陵顺达实业有限责任公司董事长。

如按戏剧脸谱给吴海兵画像的话，他可算是标准的小生了。他30出头，便成了铜陵市最大的汽车经销企业的掌舵人。在吴海兵身上，除了时时透出来的一种同龄人少有的睿智和沉稳外，还有很多人期望读懂的创业故事。吴海兵的创业经历在很多人眼中，是一个不可思议的奇迹。

"这不是奇迹。10多年来，我们企业就是在响应国家产业政策调整、紧跟市场、拉伸汽车产业链的基础上发展起来的。"这是吴海兵对于业界"奇迹说"的不同见解。

1993年，从老家枞阳到一江之隔的铜陵读书时，吴海兵18岁。18年后，他的顺达实业有限责任公司已经发展成为以汽贸、物流为主要支柱的大型知名民营企业。

在2002年考上安徽工商管理学院MBA前，吴海兵曾就读于铜陵市工业学校旅游管理专业，品学兼优的他在校时是院学生会主席。和大多数创业者一样，吴海兵也曾经历过一段徘徊期。1996年，走出校门后的吴海兵曾在铜陵市邮电宾馆做过安保，摆过地摊。但是，一年到头，辛辛苦苦，也仅能维持生活的温饱。此后，他又从事过服装贸易等。那时候的吴海兵还没想过自己有一天会涉足汽车贸易这个他一度不敢去想象的行业。

上世纪90年代末，铜陵地区经济飞速发展，日新月异，年轻气是一个过程，并且这个过程是很漫长的，我们便坦然了。创业路上，继续加油！

盛的吴海兵也有了一种闯一闯的念头。当时，铜陵市企业遍地开花，如雨后春笋。“我想，许多创业者也是空手起家，然后逐步发展壮大的，我为什么就不能像他们一样办一个企业呢？1998年，我创立了铜陵顺达出租服务中心，走出了创办企业、改变贫穷的第一步。”吴海兵说。当时，国家金融保险业发展开始步入快车道，很多依托于金融保险支撑的产业开始迅速发展，其中便包括汽车产业。经过细致的市场考察后，吴海兵瞅准了铜陵市出租车管理领域的市场空白，创立了铜陵顺达出租汽车服务中心，从而开始了长达十几年的创业经历。那一年，吴海兵只有23岁。

俗话说：万事开头难。“企业创办之初，我也走过了一段艰辛之路。服务中心刚成立时，面积不足50平方米，只有一间办公室，只有我一个人，我既是管理者，又是推销员。当时我的出租车服务中心车辆较少，为了能多让出租车进入公司，我每天都要起早贪黑地对公司进行宣传，有时连吃东西的时间都没有，就饿着肚子。虽然吃了这么多苦，但由于自己经验不足，几个月下来，企业依然没有赚到钱，到了年底，企业面临经营危机。是放弃办公司，还是重整旗鼓，从头重来？在彷徨、犹豫、苦闷阶段，铜陵市政府相关部门伸出了热情援助之手，使出租车服务中心得到有序发展。”

吴海兵就这样，从当年的作坊式经营，一步步走到了今天。以当初的出租车经营为起点，至2005、2006年分别成立顺达房地产公司和顺达物流园，吴海兵的顺达实业经过10余年发展，塑造了一个标准的跨行业发展的综合性实业公司。如今，顺达实业经过市场摸索，初步形成了“汽贸+物流”的新兴产业发展格局。经过18年的发展，铜陵顺达实业有限责任公司不断发展壮大，已由原来的单一汽车服务销售，发展到今天的以汽车销售为主体，下设物流、税代、油品、动漫、文化传媒等为主要经营领域的综合性企业集团。

和吴海兵聊天，似乎很难收集到与工作无关的讯息，他经常说自己“工作与生活对半开”的工作模式似乎并不能说明真相。用顺达实业有限责任公司总经理聂陵成的话说便是，“董事长的敬业折服了企业所有员工”。事实上，除了汽车外，繁杂的公众事务也常让吴海兵脱不开身，而这些还不包括他担任的市政协常委、市工商联副会长等公职，以及多次组织开展的慈善活动。

“产业报国，造福社会”是吴海兵早已确立的创业理想。在发展历程中，公司始终坚持走品牌发展战略，以品牌战略作为企业的核心战略，坚持倡导节能环保的理念，坚持走科技兴企之路，建立了一流的大众4S旗舰店和日产4S旗舰店，以及完备的铜陵市场汽车销售服务网络、诚信的企业文化。公司以品质创立品牌，以服务维护品牌，以文化培育品牌，从而赢得了消费者的广泛信赖和认可。在铜陵及周边地区，汽车消费者形成了买车就必须到顺达看看的习惯。

吴海兵说，顺达实业坚持“人才是企业的根本，学习是企业发展源泉”的理念。吴海兵通过人才市场等各种渠道，以优秀的条件吸引人才、挖掘人才，坚持任人唯贤。公司采取“走出去，请进来”的方式。“走出去”，就是带领几名员工，走访安徽省大大小小的汽车销售公司，远到广州、深圳等经济发达地区进行参观学习，并搜集、整理大量有关资料，有针对性地进行学习；“请进来”，就是请深圳中旭管理公司及有经验的专家进行现场指导。这一“出”一“进”，使员工大大地开阔了视野，增长了知识。现在公司在岗的管理人员有38名，大专以上学历的占80%，拥有高级职称的占10%，拥有中级职称的占20%。也正是这些人才为企业带来了勃勃生机和活力，为铜陵市创建良好的汽车销售环境及提高服务质量奠定了人才基础。

吴海兵诚实的品德、辛勤的汗水得到了社会的认可。自1997年以来，企业的产值、利润连年递增，2007年实现利税200多万元，先后被安徽省地方税务局、安徽省国家税务局授予“A级纳税人”，被铜陵市郊区政府授予“财政贡献奖”。在抗洪期间，公司购买大量物品，组织员工到抗洪第一线，慰问参加抗洪救灾的解放军战士；汶川、玉树地震，公司向灾区捐款捐物；多次资助团市委举办大型广场公益演出活动；向市光彩促进会捐款、捐助贫困大学生、认领郊区失学儿童、组织爱心车队为中高考学生送考、为家乡修桥铺路、慰问孤寡老人和儿童……吴海兵都积极参与进来。几年来，他以个人名义和公司的名义献爱心和捐赠金额100多万元，被铜陵市希望工程授予“贡献奖”，被工商业联合会评为“贡献奖”。

把生意做在家门口，得地利、人和之势。创业的原始积累都有些寒碜甚至蹩脚，要么打工，要么推销，要么养猪。但是这一步在创业的整个过程中却极其关键和必要。没有原始积累，不谈创业。

扬长避短，让长处更长，发挥家乡优势产业的带动作用，吴金龙最终瞄上了粉丝生产业。他引进生产线，提高生产率，并且整合了资源，成立了创业协会，打响了品牌。

“吴金龙 家门口的营生”

从村里的大马路上拐进一条泥泞的小道，这是通往吴金龙公司的必经之路。短短的一里路上，没有路灯，只有茂密的大杨树一排排地矗立着，显得越发偏僻。刚刚下过雨的路面上仍有积水。吴金龙说，今年下半年就要开修这条路了，把到公司门口的最后一里路修通，这样，他跟村里其他的粉丝生产作坊就更方便合作、沟通了。

颍上县天丰食品有限责任公司位于颍上县三十里铺镇仁和村，距离县城有30里的路程。公司虽然创办的时间不长，可仅粉丝一项的年产量就达到了5000吨左右，产品辐射至安徽省全省。著名的淮南、蚌埠的羊、牛肉汤和南京的鸭血粉丝所采用的原材料粉丝，都是吴金龙的公司生产的。

依乡傍村　品牌效益

还没走进仁和村，就看到路边一片片绿油油的红薯地里的红薯长势喜人，似乎并没有受前段时间大旱天气的影响。“马上要到红薯的收获季节了。”吴金龙介绍说，“红薯是一种耐旱耐涝的植物，只要及时除草，基本上就没什么问题了。不过，自从跟土地打交道，这天气预报就是紧跟其后了，啥时候要下雨，啥时候红薯要收获，这一点都耽误不得。”

仁和村里的大部分村民都已经移居到县里为村子修的水泥路

边上,整齐划一的楼上楼下、宽敞明亮的住房不禁让人感叹,这是皖北农村吗?不错,这里的确是农村,是新农村,这里更是年产值达2个亿的中国最大的“三粉”(粉丝、粉条、淀粉)之乡。

“这里生产粉丝的历史有50多年了,这里的人祖祖辈辈都与红薯打交道。”吴金龙说,“那个时候,制作粉丝要等到秋冬季节,自然制冷,靠天吃饭。现在各家制作工艺上都引进了制冷装备,制作粉丝的产量有了很大的提高。这几十年的经营,让仁和的品牌走出村庄,走进大城市的餐桌,也带来了慕名而来的各地经销商,带来了巨大的商机。”

返乡创业 改行转产

1994年初中毕业后,吴金龙干过4年的技术员,这给他积累了返乡创业的经济基础。返乡后,他创办了仁和村前所未有的大型生猪养殖场。从开办之初500头存栏量,逐年递增1000头,现在平均年出栏在2000头左右。由于自己培殖母猪,自繁自养,按防疫段给猪注射疫苗,采用秸秆粉碎加麦皮发酵制饲料喂养,大大降低了成本,平均年获利5万元。他养猪不仅赚了钱,而且还科学处理粪便——无机粪便回田,使得承包的土地大幅度增产。

养殖过程中,吴金龙变富了,他更坐不住了。他把养殖场招来的青壮年工在空闲时集中起来,办起了免费的生猪养殖培训班。一来二去,周边的青壮年也被吸引来,后来参加的人达到60人。理论结合实践的学员们掌握了全套有关技术,各自创办了养殖场。到2000年底,仁和村创办了生猪养殖场12处,解决了当地不少人的就业问题。而当别人都在发展扩大的时候,吴金龙似乎陷入了停滞不前。

“要想富,先修路。”吴金龙在考察学习外地的先进生产线之后,明白了交通便利对于经济的促进作用。于是,他上跑修路桥项目,下跑乡邻家,动员投资修路桥配套资金。2010年,他一次性捐资2万元,动员群众自愿捐钱6万元,修通了仁和村至102省道的3公里长的沥青公路和2座要道桥,接着办起了仁和村第一家冷冻粉丝加工厂,招收了本地农民工30多人。在他的指导和带动下,在短短的2年内,仁和村冷冻粉丝场可谓是星罗棋布,沟边路旁挂满了“银条”,晾晒粉丝架满目皆是。

高瞻远瞩　大胆开拓

2010年3月,吴金龙投资1300多万元,废除了冷冻作坊小加工厂,成立了颍上县天丰食品有限责任公司,并成功加盟了四川光友集团。公司在原有粉丝传统工艺的基础上,采用了现代化全自动真空抽丝、低温冷冻、造型烘干、自动包装的全新工艺自动化生产。粉丝生产现代化生产车间,采用标准级食品加工现代化厂房,在生产过程中无任何添加剂,并成功开发研制了无明矾粉丝,原料选取纯天然红薯淀粉,采用原有的传统工艺,经科学配料,以现代化精细加工,粉丝丝条细匀,口感滑爽,美味可口。生产用水采用100米深处的优质地下水,经国家质量监督检验检疫局审核合格,食品卫生达到国内标准,符合无公害农产品要求,这使得当时濒临困境的仁和“三粉”市场,又看到了新的曙光。

“在仁和村出产的粉丝,销路不成问题,剩下的就是怎么在保质的前提下,增加产量,降低成本。”吴金龙介绍说,去年公司在郑州承包了4000亩土地,跟阜阳市永祥红薯良种合作,第一批红薯也将在今年8月份收获。“我还在公司附近承包了近70亩农田作为红薯实验田,种植村民推荐的不同品种。”

在吴金龙的公司里,生产线的引进是其高于其他家庭小作坊的最大特点。以前的粉丝生产依赖天气,基本上要在秋冬季才能制作;如今引进整套生产线,“只要不下雨的天气都可以正常生产、正常晾晒,生产效率有了很大的提高。比如以前按照小作坊式的生产量为每小时300斤,现在机器生产量可以达到每小时3000斤,同样的时间里,产量提高了10倍,那我的成本自然就降低了,从而在市场竞争中占据优势”。吴金龙补充说:“创办公司的过程中,我们充分利用本地人力资源,培养一批有名的技术能手,并跟公司签订了劳动合同,经常参加公司培训和外出交流。公司在创业初期便解决就业人员485人,培养各类技术人员26人。公司设在村里,不仅仅是因为考虑到原材料的优势,更多的是因为这些技术人员祖祖辈辈就生活在这里，在家门口挣钱比出去打工收入多，这也是我们仁和村的特色。”

着眼未来　整合资源

在吴金龙眼中，返乡创业带给自己的并不仅仅是挣到了钱，更多的是开阔了眼界，提高了对自我的认知。有一次，他带着公司的产品参加 2011 年的阜阳农产品展销会。虽然产品在当地名望很高，销路也不错，可当时有关产品的食品安全证书还未正式批复下发，这让他多多少少有些名不正言不顺，很多外省的经销商因此望而却步。这让吴金龙意识到了，标准化的行业生产亟待规整，从前的小作坊生产已然遭受淘汰，生产线的自动化和行业联营渐入趋势之中。

“通过越来越多地走出去交流，慢慢地发现我们本地的发展还是有不少的局限性。我现在的产业还只能算是试产期，虽然产量销售还不错，但是并没有充分利用好本地的资源。”吴金龙谈到今后的发展说，“在今后的 2 年内，仁和村的粉丝生产经营户需要整合资源，成立一个本地的行业协会，靠大家的力量打出仁和的集体品牌，才会把家门口的营生搞得红红火火。”

飞龙在天，潜龙入渊。水归基壑，土归基田。找准自己的定位真的很重要。创业不是幻想，不是不务正业，不是异想天开，不是天马行空，必须找到自己的土壤，找准生存的根基。

好在杨积冠生在草莓之乡，这便是他的土壤，是他发起“瓜果革命”的先决条件。当东风具备，便可顺势而起。与众多创业者不同的是，他赢在了起点。

杨积冠 “瓜果革命”的引导者

淮南市曹庵镇的草莓、西瓜、桃子这三张“名片”远近闻名，得益于一个人，他就是现年33岁的瓜果培育能手杨积冠。在曹庵镇，哪家瓜果出现问题，人们马上想到他。不仅如此，在2005年，他成立了产供销一体的瓜果公司。现在，杨积冠的公司共有2万多亩种植地、职工135人，年销量3000多万元，年利润达600多万元。他的目标是积极对外开拓南京下关市场及北京、上海等果品批发市场，让曹庵的桃子、草莓、西瓜走出安徽，走向全国。

为水果谋发展

虽然草莓、西瓜、桃子是曹庵镇的三张“名片”，但这些“名片”也有着自己的致命“弱点”：

曹庵草莓经常受到病毒病害侵染，而且农户一直都是自产自销，加上草莓很娇气，一磕磕碰碰，稍微摘得晚些就会烂在地里，以致“水果皇后”成“弃婴”，所以草莓收入不太理想；大棚早熟西瓜已成为当地农业的第二主导产业，而西瓜栽植籽根苗只能栽一年，次年就会因重茬而易导致枯萎病；作为“第三产业”，桃子的名气也很小。这些问题一直制约着曹庵水果的发展。

2000年3月，杨积冠担任曹庵镇桃子专业协会会长。在当地政府的支持下，杨积冠牵头，于2005年5月成立了淮南市益农瓜果产销服务有限公司并担任经理；2009年3月担任新成立的淮南市永光草莓专业合作社理事长。杨积冠说，担任这些领导职务，是乡亲们的信任，更给了他“革命”的动力。经过多年的努力，他终于成就了自己的“瓜果革命”事业。

草莓的“革命”

淮南市曹庵镇的草莓生产已有20多年历史，早在上世纪80年代，曹庵镇已成为远近有名的“草莓之乡”。在草莓生产的全过程中，育苗非常重要。现在草莓苗连年繁育，已受病毒病害的严重侵染，严重影响草莓的生产，这也是制约草莓产业更新换代的瓶颈，迫切需要脱毒田苗的繁育、新品种的引进和技术创新。杨积冠带领淮南市永光草莓合作社，联合安徽省农科院、淮南市农委等几家科研院所，对曹庵的草莓脱毒繁育进行科学规划。他们通过建立草莓组培室，进行草莓茎端脱毒；建立草莓小苗繁育基地，进行小苗繁育；建立母苗繁育基地，进行母苗繁育；建立草莓示范生产对比基地，进行草莓生产。通过以上一系列的工作，曹庵的草莓生产逐步规范化，同时减少了用药量，为发展绿色草莓生产奠定了基础。杨积冠通过引进“红颜”、“章姬”等新品种，提高草莓的品质，使草莓的价格一路攀升，亩均效益一度突破万元。2010年，草莓基地被评为省级标准化生产基地，并通过检测，取得了“无公害”认证及“无公害”基地认定，淮南市永光草莓专业合作社正式成为“曹庵草莓”商标持有人。目前，合作社生产的草莓都加贴无公害农产品标志，产品远销上海、北京等大城市。

2009年3月，杨积冠担任新成立的淮南市永光草莓专业合作社理事长。现在，合作社社员发展到150多人，带动了568户农户开展草莓种植。合作社按照“自我组织、自我管理、自我服务、自我发展”的原则，以促进产品销售、农民增收为目标，制定了合作社章程和生产规程、工作制度、财务制度、利益分配制度等规章制度，逐步实现了资源共有、利益共享、风险共担的合作机制，出现了合作社与社员共同提高、共同发展的良好局面。在曹庵镇党委的支持下，合作社成立了党支部。2009年，市永光草莓专业合作社被评为市级示范专业合作社。

2011年,杨积冠以草莓产业园为主攻点,选择环境好、浆果品质优、生产技术精、种植规模大、组织化程度高的"板块"精心实施,投入资金40余万元,兴建了占地面积2000平方米的集种苗繁育、科研、生产、科普、展览多重功能于一体的高规格大型"智能联动温室钢架大棚"。温室采用了内保温遮荫系统、湿帘—风机降温系统、热风机加温系统和基质栽培、微滴灌设施等高科技现代农业技术,依托公司现有的种苗繁育技术中心,开展草莓立体架势穴盘育苗。智能联动温室内采用喷灌系统和温度、湿度智能控制系统,通过地热、加湿、降温和风力循环,可以满足草莓从育苗到商品苗的各生长环境需求,实现草莓种苗的自动化生产,年供应市场草莓种苗1000万棵,其中草莓立体架势穴盘育苗技术的运用每年可增加种苗供应量300万棵,彻底改变了草莓种苗的繁育和供不应求的现象,也提高了土地的利用率。

随着草莓基地不断扩大,产量不断攀升,销售成了问题。公司通过参加政府组织的各项农交会平台,带着产品到各地推介,为广大莓农解决销售难题。通过全体社员的共同努力,到目前为止,草庵莓农不但没有遇到产品难卖问题,而且草莓产量供不应求,莓农的收入得到大幅度增加。据统计,2010年,莓农户均收入32000元,较上年增加了6000元。除了合作社自己对外跑销售外,杨积冠还通过安徽省农民专业合作社网站以及各级涉农网站发布供求信息,进行网上销售,信息吸引了北京、青岛、大连等客户驻点收购,不仅拓展了市场,而且还降低了营销成本,提高了农产品的市场销售份额。

桃子的换代

自从2000年曹庵镇桃子协会成立以后,近几年,在杨积冠和桃协会的精心组织和严格管理下,由于新品种不断被引进,新技术不断被推广,桃农种植桃树的积极性日益提高。几年来,桃园面积迅速扩大,现已跨越曹庵、陈巷两个行政村,种植面积约3000亩,且呈上升发展势头。为了适应日新月异的市场经济发展的要求,协会积极引导,充分发挥协会的桥梁作用,加强科技创新,加大科技投入,积极开拓市场,实施品牌战略,促进基地规模化、标准化、产业化发展,实现农户与桃子协会互惠互利的"双赢"目标,现在农户平均收入由原来的人均3000元提升到7000元。

对于桃子的产销,杨积冠公司主打"千亩优质桃园",发展旅游观光农业,举办农业科技示范园区,现已建成曹庵镇高效大棚油桃示范基地。公司结合农业中介服务组织,先后引进了十几种优质品种桃,形成品种多样化、效益特色化、种类专业化,实现整体园景规模;同时,公司加强对产前、产中、产后的服务,基地实现了增产、增收、增效的目的。公司还进一步提高桃子的品质和档次,注册曹庵桃子的农产品商标,扩大市场占有率。现"曹庵牌"商标已正式启用,并经国家环境检测中心检测,成功地申办了"曹庵无公害桃子、草莓"品牌。

2010年3月,淮南市人民政府举办了第六届"桃花草莓节"。杨积冠启动了"农家乐"旅游项目,让从城市来的游客在果园采摘果实,欣赏满园桃花,进一步扩大了"曹庵桃子"的知名度,也为当地经济发展注入新的活力。这一项目自开展以来游客众多,最多时一天接待了1万多人次。这不仅给当地农民带来经济上的收益,而且改变了人们的观念。人们不再一股脑埋头种瓜果,进而开始了现代农业的发展模式。

西瓜的升级

大棚早熟西瓜已成为当地农业的第二主导产业,而西瓜栽植籽根苗只能栽一年,次年就会因重茬而易导致枯萎病。很多种瓜户因其病而不能发展种植规模,甚至绝收,这大大挫伤了瓜农的积极性,严重阻碍西瓜种植面积的发展。

根据这一情形,在2005年,杨积冠开始实施西瓜嫁接育苗项目。他跑山东、去海南,搜集资料、询问信息、高薪邀请名师。由于早育苗不能误期,经过紧张的3个月,他建成了占地面积10亩的冬暖式日光温室,一次性育苗70万株。现在,冬暖式日光温室发展到占地面积80亩,年育苗量600万株。此举不仅解决了当地西瓜嫁接育苗的缺口,而且给西瓜种植户解决了个大难题。整个曹庵镇的西瓜种植面积也由原来的3000亩上升到12000亩，亩均收入由2000元上升到7000元。现在，杨积冠的西瓜育苗销售到合肥三十岗、肥东、肥西、定远及周边乡镇，实现农户与基地“双赢”局面。

而今迈步从头越

杨积冠的辛勤努力得到了各方面的认可：2002年被团省委、省科技厅授予“安徽省十大杰出青年星火带头人”荣誉称号；2004年12月，被团中央和国家农业部授予“全国农村青年创业致富带头人”荣誉称号；2009年荣获“淮南市首届道德模范提名奖”；2010年荣获“三农”科技服务金桥奖，同时被团省委、省农委联合授予首届“农村青年创业奖”、全市创业带头人……

在杨积冠的推动下，草莓、桃子、西瓜种植这一传统产业成了今日曹庵镇乃至淮南市农业发展新的增长点，焕发出勃勃生机。回顾这些年，杨积冠说：“我从零星种植、肩挑手提上市，到成立合作组织，带动周边农民共同致富，经历了风风雨雨，也尝到了失败的痛苦与成功的喜悦。经过不断地发展，本镇特色农产品种植面积已达到万亩。下一步，我要紧紧抓住国家对‘三农’扶持的发展机遇，不断壮大公司的规模，以市场为龙头、公司为纽带，带动基地、农户，形成一种利益共享、良性循环的产业链。随着公司的发展壮大，引入现代企业制度，通过组建、联合等途径建立加工型、营销型、科技型、服务型的企业甚至集团，为适应现代农业、生态农业、高效农业发展的需要不断进取，奋力开拓。”

管其兵 烧烤卖出千万身家

流浪的小孩最无助,断肠的人儿在天涯。没有选择,只能靠自己,只得靠自己的双手去创造。

不跟随,不盲从,管其兵从烧烤入手,积涓细流汇聚江海。要知道,对于一个农村青年来说,在北京混碗饭吃就很不错了。但是管其兵从自食其力到摆摊开连锁,走出了一条独特的创业路。

不为创业而创业,创业变得不再那么功利。打点行头,轻装上阵。只要有想法,撇开包袱,定能成功。

家境贫寒的管其兵,出生在东至县一个小村庄里。14 年前,离家外出打工的那天,他怎么也不会想到,自己将来靠卖烧烤起家,能在北京开 10 家餐厅。如今,这一切都变成了现实,昔日的小村庄里,走出了个千万身家的大老板。

打工　自来水泡馒头充饥

管其兵今年 32 岁,因家境贫寒,18 岁那年他背井离乡,只身一人到北京打工。初来乍到,管其兵带着安徽青年的一腔热血开始了闯荡的人生。然而,对于一个从农村出来打工的青年来说,或许起点就已经是困境的开始,于是,这样的奋斗之旅在刚刚起程的时候就已面临着各种各样的考验。面对大城市的流光溢彩,他暗中告诉自己,一定要混出个样来。

可现实的残酷给了这个毛头小伙重重的一击,没有文凭,也没手艺,想找一份赖以为生的工作颇费周折。18 岁的管其兵只有一米五几的个头, 单薄的身体使他的这样一个想靠自己能力吃饭的愿望落了空。由于找不到工作,手里仅有的 70 多块钱便成了他和另一个伙伴的全部家当。干瘪的口袋使吃饭和睡觉这样最基本的问题都成了难事。当时在北京租一间房子需要 120 块钱,可身上的钱不够,怎么办? 管其兵便和房东商议,最后决定先交 50 元,等工作后挣了钱再补齐余下的租金。由于只身来京,没有被子,怎么办?他们便把以前住户丢弃的脏被子捡来盖。这样,住的问题总算暂时解决了。租了房子之后,身上的余钱已经不多,管其兵用这些钱买了一些馒头,两个人就这样用自来水就着馒头打发饥肠辘辘的肚子。记得当时出现过最困难的情况,就是当只剩下一个馒头的时候,两个人就掰成两半,各自就着自来水慢慢吃下去。由于迟迟没有找到工作,房租也不能再拖,他们被房东轰了出来,成了真正意义上的流浪汉。那段日子里,没有吃的东西,就跟老乡借了10块钱,每天照样就着附近医院的自来水咽馒头;没有睡的地方,医院的长凳也成了休息之所,但并不是每次都是幸运的,遇到保安时总是会被赶出来,无奈,只能趁他们不注意时再溜回去。同伴在这样的境遇下,终于说出了"回家吧"这样的话。听到这些,管其兵再也忍不住了,激动地喊出:"别人都能找到工作,我为什么不能?不回,饿死也不回!只要能找到工作,只要有口饭吃,不给钱也不回!"

终于,决心战胜了一切,管其兵找到了一份在饭店刷碗的工作,报酬是每个月200块钱。终于能留在北京了,管其兵高兴之余并没有嫌弃这微薄的工资,反而是他吃苦耐劳的精神赢得了厨师长的喜爱。从厨师长那里,他学到了很多知识,不仅仅是刀工、餐饮的理念这些,更有做人的道理。由于珍惜这一切的来之不易,加上管其兵一开始便有着自己的想法,所以他并没有像别人那样把200块钱的工资简单挥霍,而是在除去每个月买生活必需品的50块钱之外,悄悄地积攒着剩下的150块钱。由于自己苦练刀工,在工作3个月的时候他就开始做凉菜,工资也涨到了300块钱一个月。就这样,勤俭节约的习惯一直伴随着他。终于,7个月后,默默无闻的管其兵攒到了1200块钱。这个时候,他的心思又开始活动了。握着这来之不易的钱,他感到一条新的路就在前方等着他。于是,学餐饮的他在"民以食为天"的理念的引导下,开始了摆摊烧烤的生涯。

创业,机会很重要,但机会往往青睐有准备的人。如果没有准备,当机会突然降临时,是很难把握住的。因为把机会转变成财富,需要一定的能力,而能力不是短时间内能得到的!

创业 历尽坎坷不气馁

创业是一个极其艰辛的过程,要想创业,就必须吃苦耐劳,坚持不懈。从创业的第一天起,就要不停地面对困难和失败。任何挫折都必须自己去面对,没有人会替你去扛。创业本身就是面对困难、挑战自我的过程。

在谈及自己的心路历程的时候,管其兵不由得感到,“人在最极端的情况下,不得不为以后多做准备”。于是,经历了摆路边摊、卖报纸、贩卖衣物这一系有成功有失败的考验之后,他最终还是决定将自己的注意力回归到餐饮行业上来。管其兵发现,北京人爱吃烤羊肉串。羊肉串好不好吃,最关键的要看原材料,这个道理不用教他就懂。为了让客人吃上好的羊肉,他经常起早到郊区大市场选进新鲜的牛羊肉自己加工,一天基本上只能休息4—5个小时。

2002年,他在鼓楼市场的烧烤摊位一直经营得很不错,短时间内手头就已攒了20万元。但是,不安分的管其兵又考虑到,由于烧烤行业很难做大,还是中餐这个行业的前景更切合自己的梦想。说干就干,他用18万元在东直门盘下了一间100平方米的餐厅,一步步实践着自己勾勒的创业蓝图。但是,谁也没想到的是,就在2003年,一场天灾悄然而至,“非典”以其匆匆的步伐袭向大江南北。这个时候,北京的很多大小餐厅也都在紧张而恐怖的氛围中渐渐关闭。这一切对管其兵来说,又是一个棘手的问题。如果像大家一样关门大吉,那么所有的投资都将付诸东流,而刚刚运转过来的餐厅却经不起这样的变故。无奈之下,管其兵再一次做了一个决定:正常营业!伴随着每天频繁的救护车和警车的鸣笛音,看着戴着口罩行色匆匆的人群,管其兵再一次顶住了压力,敢闯敢干的气魄让他再一次战胜了灾难,也赢出了自己。“非典”时期,生意不但没有赔,还在将原来的投资收回的情况下净赚了20多万。

人一旦将脚步迈出去,便有着踏进不同河流的可能。年轻的管其兵在餐厅收益较为可观的前提下将东直门的店转到清河,开始经营面积为400平方米的管家婆菜馆。但是,面对附近的一家较具规模的餐厅的竞争压力,管其兵深深感到:在餐饮行业,若没有自己拿手的东西,想立足是多么的难。终于,又到了做选择的时候,管其兵毫不犹豫地将清河的店转出,回到了当初20万元的起点,也回到了一直没有间断经营的烧烤小摊。"年轻人赌得起"这样一个信念一直支撑着他,梦想始终未曾离开信念坚定的他。

创牌　潜心研究烤鸡翅

终于,他看到了契机。发现韩国烧烤的潜力之后,他并没有着意去模仿,爱动心思的他开始考虑怎样把中国昔日只出现在路边摊的烧烤搬到餐桌上去。想到中国目前这样的一个空白市场,他开始调整自己的经营理念,决定要把这个市场做大。终于,一开始便有着品牌意识的"管记羊肉串"开始了自己严格的生产和经营。为了能够买到新鲜的羊肉,管其兵总是在凌晨2点跑到锦绣大地去采买;为了做出味道最正的烧烤,他总是亲力亲为,去挑选最好的新疆孜然和皮质较厚、较香的四川辣椒;为了能做出更多的烧烤品种,他反复研究,自己每天都吃四五斤的烤翅,一点点地探索,一点点地改进和调整鸡翅的嫩度和麻辣的味道,终于做出了现在管记烤翅独特的美味。

因为口感独特,价格优惠,小小的烧烤摊开业不久便月收入10多万元,管其兵掘到了人生的"第一桶金"。

在创业的路上,付出怎样的代价,付出怎样的努力,忍受了多少别人不能够忍受的憋闷、痛苦甚至是屈辱,这种心情只有创过业的人最清楚。有多少人愿意付出与他们一样的代价?

立业　10家连锁年产5000万

10多万元,在普通打工仔眼里,是一年也赚不到的。有了这么多钱,管其兵并没有想换个清闲的行当,而是继续烤鸡翅。

2006年,他在北京地安门开了第一家实体店铺,这个店面积85平方米。没有想到的是,就是这样一家小小的烧烤店,竟然在北京引起了轰动,很多媒体都竞相报道,以至于生意火爆,日均营业额由原来的1.3万元迅速变为40万元。

尝到了甜头的管其兵并不安于现状，他开始学习企业管理与经济学。当看到“投入产出”这个经济学理论时，他便开始思考如何将手中的资本用来投资，并让它达到最大化的收益。当时连锁店是一种比较新潮的商业模式，于是他紧跟市场，尝试新的商业模式，于2007年10月开了自己的第二家连锁店，面积为260平方米，营业额也随之提升到每月60万元。如今，管其兵在北京已经拥有10家连锁店，年产值约5000万到6000万元。

回报　有困难请及时告诉我

管其兵的店内有350多名员工，其中70%都来自安徽省东至县。

他说：“做一个有社会责任感的企业家，就要带动更多的人就业，为社会解决难题。”

管其兵定期给员工做一些关于企业管理以及技能方面的培训，指导员工创业。截至目前，管其兵带领的员工中，已有十几个东至人独立从事自己的事业。

管其兵说：“一个人能走多远，要看他对社会有没有一颗感恩的心。得与失是守恒的，一个不懂感恩的人，也不要奢望社会能给他太多。”2010年春节，他回家探亲，看见家乡的小路还是跟10多年前一样，一遇雨雪天气便泥泞难行，他就去打听这条路的情况。得知村里要修缮，但资金存在着严重困难，他二话不说，当即捐资17万元。在他的带动下，村民踊跃行动起来。如今，一条平整的水泥路从村里一直通到山外大路。每年春节回家，他都要对全村困难户进行慰问。2012年正月初八，他拿出2万元，给长畈村15户困难户一一赠送了慰问金，嘱咐他们首先保证孩子上学。他对村干部说：“不能让一个孩子因家境困难而失学，谁家有困难请及时告诉我。”

只会干活不会说，天生就是操劳的命。沉默的力量是巨大的。古希腊神话中，奥德修斯从海上过的时候，对付海妖用的就是沉默。有时候，沉默胜过千言万语。

沉默不等于不说，不等于不做。正如《琵琶行》中的“此时无声胜有声”，又如水墨画中的留白。于无声处听惊雷，这便是魏永福创业最大的特征。他成功的法宝就是将承诺藏于内心深处，含而不露。

“魏永福 沉默的行动者”

1.78米的个头儿，体重却只有110斤，棱角分明的国字脸上，两颊深深地凹陷进去，消瘦清癯，不善言辞。这是魏永福给记者留下的第一观感。

身为一家年产值过亿的企业的掌舵人，魏永福不嗜烟、不好酒、不打牌、不跳舞，每天只是埋头闷声做自己的事业。采访过程中，谈及自己的成长史，他对于记者的提问基本上回答三四句便会戛然而止，间或还用手机频繁洽谈业务。用妻子董莉的话说：“他只会干活不会说，天生就是操劳的命。”

而在记者眼中，这大概便是所谓的“讷言敏行”。

十年磨剑

魏永福出生在六安市顺河镇广庙村一户农民家庭，家中经济拮据，兄弟三人中他是老大，早早地便挑起了家庭的重担。1989年初中毕业后，他便离开了家乡，独自到江浙一带闯荡，先后做过建筑工、工厂学徒等。1995年，他在无锡一家加工制造铜制品的企业里做起了销售。不久他便带着公司的业务回到六安，租下一间20多平方米的门面房，开了一个铜制品门市部，专门经营漆包铜圆线的销售，这一做便是10年。

2004年，魏永福在六安买了套商品房。在那之前的数年，他和妻子董莉带着幼小的女儿一直住在门市部里，自己用木板在房子里隔出一个小阁楼，楼下做生意，人便住在楼上的阁楼里。“那阁楼又小又矮，站着的话连腰都直不起来，也只能在里面睡睡觉。”魏永福的妻子董莉提及那段艰苦的日子时仍感慨万分，“从 1995 年和他结婚后一直到 2000 年，就没回家过过年，每年春节都是在门市部里待着。听着别人家放鞭炮，热热闹闹地过年，我们就坐在门市部的门口，心里真不是滋味。”那时候，魏永福将所有的钱都投到了门市部里，家里穷得叮当响，一个星期只能吃上一次荤菜。“平时能打个西红柿鸡蛋汤就很不错了，就这还要靠在农村老家的母亲经常送鸡蛋过来。我有一次去买菜，发现身上只有 6 块钱。他整天忙着在外面跑业务，哪里知道这些琐碎事。”面对妻子的抱怨，魏永福也只有充满歉意地沉默一笑。

那 10 年，是艰苦辛劳的 10 年。为了把聘请小工和业务员的钱省下来，魏永福自己四处奔走，洽谈业务，同时还充当了搬运工。几十斤一卷的铜线，魏永福自己肩扛手搬，一卷一卷给客户送进门。“他现在这么瘦，就是那时候把身子累坏了。要干体力活，休息得又少，吃饭也没有规律。”妻子董莉心疼地说。那 10 年，是积累、收获的 10 年。在频繁的市场调查与业务洽谈过程中，魏永福在业内打下了扎实的人脉关系，并对市场行情和运作方式了然于胸。魏永福发现，做漆包线的加工销售具有良好的发展形势和巨大的市场潜力。“江苏、河南、浙江这些地方做得比较多，而整个安徽省做漆包线的还不到人家的三分之一多，可以说市场是很大的。”经过仔细思量，魏永福决定自己当老板。

挫折历练

2006年，魏永福想方设法筹集了 500 万元的启动资金，于当年10月在六安市经济开发区买地 30 亩，建设厂房、购买设备，创办起了六安市第一家漆包线加工销售公司——立华电工，并于 2007 年6月正式开工生产。

虽然有之前 10 年的学习和铺垫，但创业之路不可能平坦、笔直。由于缺乏足够的流动资金，公司生产规模受到限制，月营业额只有 300 万元。“做我们这行，别看资金进出数额很大，其实就是赚个加工费,利润仅有1%左右。当时的纯利微乎其微,与入不敷出仅有一步之遥。"魏永福回忆说。这样的情况持续了一年,他一直咬牙坚持着。到了2008年,正当魏永福贷款50万元准备扩大生产,一举提升公司的经济效益时,全球性的金融危机席卷而来,有色金属大幅度贬值,魏永福手里的库存铜从每吨5.5万元跌到了2.5万元,公司直接损失了100多万元。背了数百万元的债务,新投入的资金又打了水漂,公司的生存与发展面临着前所未有的危机。"当时江浙一带很多做这行的厂子都倒了,压力真的很大,晚上睡觉做梦都在想着铜价上涨。"

危急存亡之秋,六安市经济开发区政府出面担保,帮助辖区内的规模企业从银行贷款,魏永福从银行一次性贷到了360万元。"这可真是救命钱!"有了这笔资金的注入,厂子终于"活"了过来。魏永福凭着自己精明的头脑和过人的胆识,利用铜价低谷期大量购进铜材,不但在当时扩大了生产规模,月产量翻了一番,也为后来经济复苏时的生产降低了原材料的购入成本。公司的经济效益趋于稳定,2008年、2009年,魏永福的公司连续2年上缴利税100多万元,成了经济开发区里的纳税大户。

诚信立身

诚信,是采访过程中魏永福提及较多的一个词。在魏永福办公室的书橱里,有一本名为《先做朋友,后做生意》的书被翻看得很旧。想做好生意,就要广交朋友;想交朋友,便要讲诚信——这是魏永福做生意一以贯之的宗旨,也是他做人的基本准则。

"曾经有人问过我,你不喝酒、不抽烟、不打牌、不应酬,说话也不多,这样的人在社会上应该交际圈很小,不是很吃得开,为什么你却有那么多生意场上的朋友,而且他们都很愿意和你做生意呢?"魏永福略一沉吟,"就是因为我做人、做生意讲信誉,守承诺。"2008年金融危机时,魏永福与池州一家铜杆厂的一笔220多万元的货款到期。当时魏永福手里只有100多万元,自己的公司又面临着极大的困境,同时又赶上银行贷款到期。在这样的情形之下,魏永福找人从民间借了50多万元,将凑齐的货款依照合同约定的日期交付给那家铜杆厂。“当初合同上写什么时候给钱,那就要什么时候给,哪怕我的厂子倒了,这账也不能赖。”这件事让对方触动很大,在金融危机的压力下,该厂有好几笔货款都催讨不着。对方感慨地说:“这货款拖个十天半个月再给的事我们已经习以为常了,像魏总这样讲诚信,严格履行合同的老板,我们和你做生意也放心。”

辛勤的付出与恪守诚信的品德终于换来了收获。如今魏永福的六安立华电工有限公司已经步入了良性发展的轨道。2009年,公司年产值1.8亿元,魏永福自己也获得了六安市“创业之星”及“优秀回乡创业者”等殊荣。如今,4000平方米的新厂房、1600平方米的办公楼和900平方米的宿舍楼都已经竣工,公司的生产经营将再上一个台阶。“我们计划在今年月产量突破400吨,年产值达到3亿元。”对于未来,魏永福踌躇满志。

"滚滚长江东逝水，浪花淘尽英雄。"英雄是经得起雨打风吹的，但若总被风浪拍打，谁都会疲惫麻木、意志消沉。创业必经艰险，但是总是苦苦撑着创业的大旗，然后等待希望的曙光，相信明天会更好，多少是有些自愚、自欺欺人的。

赵斌发于跑船，之后的创业，每每都是成功，正可谓几度创业，几度成功，这让我们欣喜不已。其实创业也不只是那段重重磨难，历经万劫方得真经。

赵斌"神话"背后是艰辛

初见安徽宝盛集团董事长赵斌时，他一边饶有兴致地表演茶道，品茗茶水，一边淡淡地说着自己的创业经历。眼前这个35岁、神采奕奕的男人，已经叱咤长江近20年。

"滚滚长江东逝水，浪花淘尽英雄。"长江上搏击风浪20年，成就了赵斌不畏挑战、大胆创新的闯劲和韧性。出生于无为县姚沟镇的赵斌自小喝着长江水长大，喜欢在长江中畅游，一有时间就跟着父亲到长江上跑船。"农家的孩子要想有出息，必须自己闯。"大专毕业、身高跟父亲差不多的赵斌正式以船员的身份站到父亲的身旁那年，他16岁。

初生牛犊不怕虎。很快，倔强好胜、年轻气盛的赵斌征得了父母的意见，在家人的支持下，负债购买了一条小船在长江上跑运输。创业难，难于上青天。由于刚开始从事水上运输，业务不通，技术不熟，赵斌尝尽了苦头。一个寒冬，长江的水冰冻彻骨。船在行驶中，船底的设备不小心钩住了网绳。无奈，赵斌只得下水剪断网绳。从冰冷的江水中上岸时，赵斌冻得浑身麻木、僵硬了。就这样，赵斌靠着吃苦耐劳的精神，在长江的风浪里坚持了下来。用赵斌的话说："因为在我心里，始终坚定着一个信念：我一定要超越别人。"

船舶运输意味着与艰苦、枯燥为伴。看着岸上的同龄人在繁华的闹市里享受着属于他们的快乐生活，赵斌的心里总有一种说不出的滋味，他梦想着有朝一日也能有模有样地生活。江上的生活是苦涩的，但能磨炼人的意志，培养人吃苦耐劳的坚韧品格。赵斌凭借敢闯、敢干、能吃苦、头脑活的品质，生意做得红红火火，将昔日的小船换成了大船。1998年，他又添置了一台吸沙泵，在长江采沙，迎来了事业的第一个小高潮。一路上，赵斌始终坚持一步一个脚印地向上、向前，通过近20年的拼搏，如今已拥有资产数亿元，旗下有宝盛航运、宝盛建材、巨策传媒、金元典当等数家企业，演绎了一个又一个“创业神话”。

“不积跬步，无以至千里；不积小流，无以成江海。”每每做出一个成绩，赵斌总能看到下一个更高的目标在召唤他。探索，一次接着一次地探索。2007年，赵斌首次创办注册资本达500万元的安徽巨策文化传媒有限公司；随后又瞄准专业餐具消毒行业的发展前景，创办了无为县首家餐具消毒配送中心——康福来餐具配送中心。2009年5月，赵斌在汤沟大洋船厂建造一条价值3000万的元自卸海轮；同年10月，在二坝顺风船厂投资3500万元购买一艘吸沙船，并注册成立了安徽宝盛航运有限公司，现共有9艘航运船舶，专门从事水上运输一条龙服务。2010年6月，赵斌领衔创办了注册资本达1000万元的无为县首家典当企业——无为县金元典当有限公司。2011年9月，他投资500万元注册成立了安徽宝盛建材有限公司。几度创业，几度成功。创业之路在敢于搏击风浪的赵斌脚下不断延伸。

如今，事业蒸蒸日上的赵斌没有停止努力。最近，赵斌正在积极筹备建设集团办公大楼——宝盛大厦，给不断扩大的经营项目及规模安家。同时，赵斌下一步将积极投身国际市场，希望将宝盛的牌子真正打出去。

过去，我们谈起创业，就习惯性地想到又有一个什么传奇。说他是传奇，无非是主人公处境多么困顿，然后历经千难万险，成就一番事业云云。其实这些都是书上说的。

事实上，我们更愿意把创业放在真实的生活观照下去看。他可感可触、有血有肉，像极了街坊邻居，沾满了泥土芳芳，尽着人间烟火。不要因为程超华是残疾人，就去夸张、放大。或许他更愿意做真实的自我。

“程超华 梦想成就飞越”

说起程超华，连桐城市残疾人联合会的工作人员都禁不住伸出大拇指。在桐城市的一群创业者心中，程超华更像一个传奇。

出生于桐城市新渡镇金圩村的程超华，家境贫寒，他立志发愤读书。18岁那年，程超华不负众望，以优异的成绩考入中南矿业大学。

孰料就在程超华的人生刚刚翻开崭新一页的时候，噩运降临了。入学不久，程超华的双腿越来越不听使唤，经检查，确诊为骨髓炎。学校和家庭全力治疗，仍不见好转。正当大鹏展翅的时候，突然折断翅膀。无奈，程超华从就读了一年半的学校退学了。这对程超华来说意味着丢弃梦想，意味着回到原点。“那种痛，只有经历过的人才能体会到。”拄着双拐，回到债台高筑的家。程超华苦闷、彷徨，甚至想过结束人生。这一切被父亲发现后，他狠狠地对儿子说：“你就这样走了，对得起家人的培养吗？”程超华的眼泪彻底决堤了。他想了很多，死只能证明自己懦弱，更不能改变苦难家庭的现状。最后，勇敢、坚强的程超华决心活下来，还要活出个人样。

新渡镇是“塑料之乡”。程超华拄着双拐走上街头，发现父老乡亲的文化水平不高，可塑料生意却做得挺好。他想到自己除双脚不如人外，其余样样不比别人差。于是，程超华发挥自己的智慧，上街租了间门面，专门替人雕刻印花模板。无论客户送来多么复杂的样品，经他的手都能毫厘不差地雕刻出来，小生意很快火爆起来。

程超华拼死拼活地干了2年，积攒了一些资金，开办了一家从制版到生产塑料制品的小型塑料厂。这样，就为顾客减少了找人制版，再找人生产的中间环节，为顾客赢得了宝贵的发货时间，提高了效率。小厂开始由“吃不饱”慢慢变成“吃不了”。为了满足顾客精益求精的需求，敢想敢干的程超华在厂里上了一条塑料彩印生产线，实现了从进塑料粒子到成品出厂的企业发展过程。

程超华一边发展生产，为社会做贡献，一边加强双腿功能锻炼，终于给医学界一个惊奇——他甩掉了双拐，可以跛着腿行走了。这样的人生飞越，个中的酸甜苦辣，只有他清楚。经过20多年的创业，如今程超华的自力福利塑料厂已拥有资产上千万元。在他的厂里，数十名残疾人找到了年收入2万元，还给买社会保险的工作。

饮水思源。程超华说：“我能有今天，一靠党的好政策，二靠社会各界的关怀。”一路走来，无论企业状况如何，程超华每年都坚持拿出1万元给村里慰问军烈属、困难户。他主动放弃政府的优惠政策，足额缴纳国家税收。汶川特大地震发生后，程超华带头捐款5000元。不仅如此，程超华还热心参与社会公益活动。他常常资助修路，资助贫困学生上学，帮助周边的特困户和五保户解决生产、生活中的困难，并与50多名残疾人结对，多年来累计捐款、捐物达150多万元。创业20多年来，程超华多次被省、市评为“先进个人”和“残疾人自强模范”，还获评第二届全国残疾人自强创业奖。

大学生创业典型

大学生

汪毅的创业打上了永恒理想的印记,因爱而生,为爱而创。如果不是因为爱人在合肥,或许他还在六安端着“金饭碗”。爱情力量之大可见一斑,也同样证明了汪毅的情义关怀。

在满天星光下挥汗如雨,在满天星光下出神思索,付出与求索并举让汪毅一直行驶在快车道上。说得通俗一点,创业必须要有路子、有实践,只有思想与行动同步,方见成果,方得进步。

创业不是一蹴而就,也不是一步到位,更不是一飞冲天。创业是不断积累,是从量变走向质变。

“汪毅 创业路上满天星光”

近年来,多家巨型卖场涌入我省,省内外各大型国资商业、各集团公司为应对外资挑战迅猛扩张、拓展市场,零售业的竞争激烈程度已进入白热化。这让小零售业的生存空间经受着巨大挤压。很多中小型连锁商业不堪竞争压力,有的退出消失,有的亏损关店,有的仍在拼争……

在这样的大环境下,汪毅却带领着他的安徽满天星连锁超市有限公司逆势上扬:2010年,满天星销售额已经突破亿元,2011年突破2亿元。满天星的成功创造了本土连锁超市发展的传奇,对汪毅的成功,人们竖起大拇指。只有汪毅明白,自己在创业的路上是和满天星光一路做伴。

一

大学毕业,汪毅被分配到六安市建设委员会。在所有的人看来,这是很好的工作。汪毅的爱人是他的大学同学,毕业后在合肥市工作。为了爱,1996年,汪毅毅然放弃了“金饭碗”,到合肥市发展。“刚到合肥,我做过装潢,也做过宏碁电脑的代理。当时,超市是新生业态,那时候合肥有一家连锁超市,我看了以后比较震撼,我敏感地发现这个业态将会有大的发展。于是,我决定开超市,后来回头看看,我赶上了第一班车。”1998年,汪毅在合肥六安路开了第一家超市,取名“满天星”。“第一次创业很是艰难,当时资金很困难，超市的装潢包括粉刷墙壁、油漆货架都是自己做，经常从早上忙到满天星光。更困难的是，刚开业时很难搞到货源，我到当时刚开业的合肥长江批发市场去寻找货源。为了把超市做好，我还花重金从别的超市里挖来了他们的业务经理，并跟着他学习业务。”

1999年，汪毅看到社区是超市的盲点，于是果断决定在琥珀山庄开了第二家超市。“当时，很多人都不看好我们的这种做法，因为我们是第一家进入社区的超市。”开业当天，超市的生意非常火爆，出乎很多人的意料，许多同行慕名前来观摩。“从此，我们确定了我们企业的定位——不求繁华地段，走进社区，服务百姓。”

汪毅明白，和国内外的大型连锁超市相比，满天星没有优势。他们采取“让开大路，占领两厢”的市场开发策略，即暂时放弃在市内商业闹市区开店，避其锋芒，有选择性地在社区、新开发区、郊区乡镇定位开店，走“大众的需求就是我们的市场”的路子。公司相继在合肥市畅园新村、阳光小区、明远新村、蜀南庭苑、包河花园、大杨镇等地设立分店，开辟商业前哨阵地，逐步占领“商业后方”。由于满天星热忱为居民服务，被称为“社区的好邻居”。

二

好事多磨。到2003年，汪毅的满天星连锁超市已经发展到了7家。就在这时，满天星的发展遇到了前所未有的困难：市场的无序竞争和大型连锁超市的大规模进入合肥市场，挤压了满天星的发展空间。敏锐的汪毅更看到了自身发展的问题：因为盲目发展，供货商很不稳定，管理也没有跟上。“这一年，我们不得已关了2家超市。那一段时间，在星空下思索，成了我的习惯。我知道，我们必须要完善运营管理系统，这样才能良性发展。用了3年左右的时间，我们健全了管理制度和一整套的运营思路，管理更加细化，超市的管理流程都有了新的设计，企业进入了持续健康发展的轨道。”

在以后的发展中，汪毅更注重求稳、求质量，不求数量。“没有把握的事我们宁可不干，也不盲目扩大规模。”汪毅说。迄今为止，满天星用14年开了16家超市，并且做到了每一家店面都在盈利。现在，满天星的采购是全国联采，每年，汪毅都带团队参加全国各种糖酒会，以谋求更好的商品。满天星还成为全国连锁学会会员，经常和顶级的企业交流并向他们学习，这让满天星能一直保持最先进的经营理念，确保了企业的持续健康发展。

如今，连锁超市整体都在萎缩，但满天星却在稳定发展。在合肥市，合家福和红府是连锁超市的前两名，满天星虽然已经是民营连锁超市的第一名，但和以上两家比起来，还有很大的差距。“2010年，我们的营业额超过了1亿元，2011年突破2亿元。3年进入第一梯队，5年做成全省连锁超市的品牌。”这是汪毅的目标。

三

作为商人，汪毅无疑是有智慧的。但是，汪毅认为，智慧不仅仅包含智商，而且还有美德和责任。在汪毅看来，企业家的责任体现为“伟人”的思想、“仆人”的行动。汪毅特别喜欢温总理的诗歌《仰望星空》，仰望星空，汪毅更多地想到了社会责任。

放弃做公务员而经商，在汪毅看来似乎也是必然的：新中国成立前，汪毅的爷爷在六安市是有名的大商户，在当地大名鼎鼎，被大家称为“义商”。当时汪毅家族商户的号是“汪义和”号，取义气、和气之意。在抗日战争期间，汪毅的祖辈捐过飞机、大炮；在解放战争期间，出钱、出粮支持人民军队，体现了民族大义。讲到这些时，汪毅特别强调：“我永远不忘祖辈的商号和精神。”现在，汪毅已把祖辈传下来的经商理念发展成自己的企业文化。体现社会责任，为社会的和谐做出应有的努力，满天星把这一点当成义不容辞的责任。

在满天星超市进入合肥高新技术产业开发区的蜀南庭苑小区以前，因为交通不太好，白菜卖到2元多钱一公斤。其实，当时白菜的批发价只是2角多钱一公斤。满天星进入该小区以后，拧干了“水分”，卖的白菜的价格是4角钱一公斤。此举一下子就把菜价降了下来，这既方便了百姓，又平抑了物价。2010年12月，全国物价快速上涨。汪毅说：“其实，物价上涨对我们是最有利的。由于物价上涨，即使我们关门歇业，我们都是盈利的。”但满天星超市的电子屏幕上打出“响应政府号召，抑制物价过快增长”的口号。“我们做到了不跟风、不涨价,为稳定物价做出我们的贡献。”汪毅自豪地说。

超市是民生行业,卖的都是生活必需品。“我们挣的都是辛苦钱,是合理利润。我们这类企业是细水长流,时时刻刻都产生利润。这个行业是长远的,我会一直做下去。”曾有不少朋友劝过汪毅:“你有很好的资金流,可以投资搞地产行业,这样更赚钱。”但汪毅说:“我的兴趣在这里,做好了,我有成就感。”

截至目前,满天星安排了600多人就业,其中很多是年龄偏大的就业困难人员,还有不少是下岗职工。满天星还解决了员工的后顾之忧,每年为员工交社会保险都要花掉200万元。民营超市为员工买社会保险的,满天星是第一家,或许也是唯一的一家。所以,满天星的团队非常稳定,员工的流动很少,中层几乎没有流失。很多人在满天星工作了10来年,不少员工结婚生子以后依然到满天星工作。

汪毅说:“我还坚持一点,做企业绝对不做家族企业,我的企业中没有一个员工是我的亲戚。企业是大家的,是员工的,我只是一个带头人。我们的满天星姓‘社’,社会的‘社’。在我看来,我的企业是属于社会的。”

现在,汪毅坦承他的压力很大,肩上的担子也更重了。“以前,看准的事,我自已做决定;现在,企业发展到一定的规模,有重大决策,我都要和几个副总开常务会议商议后再决定。因为万一企业出了问题,将影响我们600多人的队伍。”

“并不是所有人都适合创业”，言下之意，只有走过才会知道，不走永远是个未知数。张小波的创业心得给人以启发：创业不是一个人的事。独木难成舟，重要的是团队合作，需要各种社会资源的介入、整合，形成合力，厚积薄发，一鸣惊人。

积累很重要，是做任何事的关键，创业亦然。选择创业就是选择困难重重。没有人天生具有抵抗风险、战胜困难的能力，这些都只有在逆境中，在一次一次地面临考验时才能获得。苦难是需要亲身经历的。所谓不经一事不

“张小波 享受创业的每一步”

走进位于安徽省淮南市经济开发区的物联网产业园区，刚刚建成投入使用的4万平方米的办公楼气势恢宏。这里驻扎着一支朝气蓬勃、昂扬向上的青年团队。在这个创业基地里，有10多个年头的安徽科艾网络有限公司，也有刚刚成立试运行的安徽徽斯顿电子科技有限公司，这些都因队长张小波而起，今年是他创业的第11个年头。然而对于张小波来说，这一切，才刚刚开始而已。

张小波大一时为学校后勤集团开发了一套管理软件，后为淮南市康宝药业开发了一套管理软件，从而获得了“第一桶金”。他在大三时注册成立了淮南市第一家软件企业——艾乐特软件公司，填补了淮南市软件行业的空白，他也成为安徽理工大学在校创业的第一人。

2002年，即将毕业的张小波对自己的未来思考了很久。是选择上海公司的高新聘请，还是继续经营自己一手创办的公司？他义无反顾地选择了后者，尽管这是一条坎坷不平的路，但他无怨无悔。刚刚毕业的他就破格通过了软件工程师的评定。几年的探索不仅成就了张小波坚韧的性格，还使他对计算机行业价值有了敏锐的洞察力。

2003年初，张小波一边经营艾乐特公司，一边开始了他人生的第二次创业——成立股份制企业：安徽科艾网络技术有限公司。成立之初，科艾公司只有1台电脑和1台服务器，办公室也仅仅20多平方米。尽管办公条件有些简陋，然而张小波却欣慰地笑了，因为梦

想似乎离他更近了。白天，他奔波于淮南市的大街小巷，寻找合作商机；晚上，他便坐在计算机旁开发设计。没有星期天，没有节假日，没有年轻人本应拥有的绚烂生活，每天都得工作十六七个小时，廉价的方便面是他的主要食物，寂静的显示屏成了他生活的全部。

"因为诚，所以成"才会使科艾公司迅速发展，张小波也经历了从有些许稚气的小老板到企业家的华丽转身。张小波说："安徽科艾就是解决老百姓吃药和吃饭的安全问题，为政府建立高效监管平台，更好地服务民生大众。"在这条并不轻松的创业之路上，张小波面临过政策、资金、市场等多方面困难，但他始终坚持自己的选择，逐一克服这些困难，在半年内开发出5套成品软件，在省内拥有上百家客户。

功成名就的他，始终没有忘记母校安徽理工大学对他的培养和帮助。身为安徽省大学生创业校外辅导员的他，无论多忙碌，都会定期回到母校，与在校大学生分享和交流自己的创业经验。早在2005年，张小波就在公司成立了大学生实习基地，先后指导实习生600余人；他的2家公司先后为200多名大学生提供了就业机会。科艾公司先后被授予"安徽理工大学实习基地"、"淮南师范学院实习基地"、"共青团青年就业创业见习基地"等称号。

2006年，公司已发展成为安徽省最具影响力的IT企业；张小波被安徽省教育厅、共青团安徽省委、安徽省学生联合会授予"安徽省十佳青年学生"的称号；2007年，他被淮南市委组织部送到南京大学参加MBA核心课程研究生班进修；2008年，他赴中共中央党校参加"企业家及管理干部班"培训，同年，他被评为"安徽省优秀民营科技工作者"，获得"安徽省民营科技发展精英奖"，省教育厅聘请他担任安徽省大学生创业校外辅导员；2009年，他又入选淮南市五四青年群英会代表；2010年，安徽理工大学聘请他担任大学生创业辅导员，同年，他被安徽省科技厅、安徽省人力资源和社会保障厅评定为副高级技术职称，获得"安徽省优秀软件人才"荣誉称号，并获得"安徽省青年创业奖"（提名奖）。

在2011年，张小波受聘成为"淮南市云海战略"专家组核心成员。这也让他看到了，创业不仅仅只是依靠自己的力量。只有最大范围地整合力量，才能创造另一片广阔天空。如今张小波的第三次

长一智，历经沧海，才会柳暗花明。创业就是个打磨的过程，不磨不成器，打磨得越狠，出落得越光鲜。创业之难难于上青天？答曰：知难不难。

创业已经崭露头角,自己掌管着2家股份制公司,从刚开始的单打独斗,到现在的公司股份制、产品类型多元化,他也从研发人员的角色转成总经理。张小波坦言道:“从公司成立到现在,我的角色转换了很多,但始终不变的是我还是那个创业者,只不过创业的类型越来越多元化。”

在物联网园区里,办公区的二楼整个楼层都是安徽徽斯顿电子科技有限公司的“恒通网上商城”配货仓储。而这个“恒通商城”是张小波和淮南恒康医药的合作,主要是通过网上交易和会员卡交易相结合的运营模式,依托淮南市的大型社区、高端社区作为主要的消费群体,从而构建一体化的“订货、支付与配送”平台。“这个商城的发展就是为了解决网购最后一公里的问题,很多农村乡镇的送货渠道严重匮乏,而我们就从根本上解决了这类问题。才刚刚2个多月的时间,商城的月营业额从开始的四五千元上升到现在的几万元,收益还不错。所以说,具有本土资源的物联网商城的潜力是巨大的。”张小波介绍说,“这一层楼有8000多平方米,这才只用了一半不到的空间,已经有不错的效益。”

创业11年多,从研发产品的更新换代,到如今的多元化发展,张小波公司的产品已经从研发系统延伸至高科技实物和物联网配送,人员结构也突破了研发阶段,从市场部、采购部到技术部、行政等,规范化的管理也让张小波轻松了不少。他笑称自己太随和,实在不擅长行政管理,还是把这个让给专业的行政人员来做。

人才是公司发展的最大因素,从事网络科技方面的工作,让张小波的团队构成以80后、90后为主,张小波笑称自己是团队里最老的一位了。跟年轻人打交道,让他也时刻保持年轻的心态。“去年公司周年庆的时候,办公室统计了一下,从我开始创办第一家公司以来,10来年的光景里,前来公司就职的有400多人,可是现在剩下的就只有我们这不到100人。来来走走,人才流失也是一个创业者所要面对的挑战。”张小波补充道,“并不是每个人都适合参与创业。如果你自身具备很好的素质,并且对自己的能力有一个清晰的认识,又发现了商机,有一个好机会,那何乐而不为呢?而且在别人的公司工作也是创业,无论做什么,只要你积极进取,一样是对自主创业的一种积累。”

凌炜强 挫折开出美丽的花

创业的挫折会使人成熟，使人升华。在创业的道路上，失败并不等于投降。失败是交学费，为的是东山再起，下一回从头再来。失败常常是成功的必经之路。君不见，乔布斯和史玉柱都是数度摔倒又爬起来迎风而立的巨人。黄山市的凌炜强也是如此。

2003年大学毕业的凌炜强在2006年迎来人生的转折点：在家人不知情的情况下，他独自在合肥市盘了一家亏本的酒店，大胆地起步，小心地走路，仅仅花了3个月的时间，他就扭亏为盈，当年纯利润就近40万元。到了2008年，凌炜强已成就了百万身家。

凌炜强是徽州人，“徽州人都有思乡的情节，自以为成功的我就想着回家创业，想着回家为家乡建设做点自己的贡献”。2008年初，凌炜强果断结束他在合肥市的生意，回到可爱又美丽的家乡——黄山市。他自认为对酒店生意很有经验，于是在徽州区开了一家名叫“金黄山”的酒店。“然而酒店生意并没有想象的乐观，生意总是处于低谷。那一段时间，我焦虑、忙碌、疲惫。过于自信和对市场的不了解，让我一败涂地，身无分文。懊恼和后悔时时刻刻折磨着我，让我一蹶不振。现在想想，也许那就是命运对我的考验。”凌炜强说。

这时，水培花卉盆景这个项目一直在凌炜强心里酝酿。“因为我在合肥工作时，是经常和水打交道的。我那时经常用碱性水和酸性水做植物培育对比实验，对植物的水培从那时起就有过研究，加上自己很喜欢绿色植物，水培花卉盆景能把‘一花一世界，一瓶一

大胆起步，小心走路。这一起一走之间是创业的开始。刚毕业的大学生是青年群体当中最具能力和活力的分子，他们有知识、有想法、有能力，敢闯敢为，这些无不在激励着他们要有所作为，成就一番事业。从某种意义上说，每一个大学生心中都有藏有一个创业的梦想。当然，这里的创业是广义上的概念。

就算是无头苍蝇，也要撞他个“天花乱坠”。大学生创业伊始大都会面临四处碰壁的困境。凌炜强也是，经营水培花卉，

他也是颇费一番周折。有人会问，要是一开始就选对路子，那该少走多少弯路？是的，可事实上找对路子谈何容易，都能选对那就不叫创业了。

景观'的意境体现得淋漓尽致。所以,这几年我从未中断过对这方面的研究和探索。刚刚经历挫折的我就想着如何把这种新型的植物生态的培育技术做好、做大、做出规模、做出效益来。"于是,凌炜强尝试着在常态下进行规模立体培育,思考如何突破品种的限制,让所有的植物都能生长在水中。为此，凌炜强经过了无数次的实验,走访有关专家,且经常整日整夜地观察植物的生长情况。"实验失败是常有的事,但是失败并不能把我击倒。在一次又一次的失败中,成果终于向我招手,从多肉植物到观叶观花植物,从各种徽派盆景到植物中的'熊猫'——红豆杉,我全部水培成功。"有了可行的水培花卉盆景的技术作为基础，凌炜强果断地筹款 10 万元,注册了黄山市徽州区花之韵花卉科技有限公司，并申请了国家发明专利,走向了再次创业的道路。

再次创业初期,困难又一次次成为拦路虎,不停地考验着凌炜强。"酒店生意的失败,让我身无分文,所以资金成了我这次创业最大的难题。因为资金的欠缺,我常常彻夜无眠。但是,办法总比困难多,在我资金断链时,总有朋友向我伸出援助之手,让我一次次渡过难关。"

2010年的冬天特别冷,由于资金的欠缺,冬天的保温措施没有跟上,凌炜强所有的水培花卉盆景都"遭受摧残",经济损失 100 多万元,他再次被命运开了个玩笑。"失败能使我奋进,虽然再次一无所有,虽然阴霾笼罩着我,但是泪水只能洗刷掉我心中的忧伤,不能带走我内心的斗志和对成功的渴望。"如何让植物在冬天提高抗寒能力成了凌炜强攻关的重点,在一次次的对比实验中,他终于成功地利用植物"临界点"水培法,让水培植物的抗寒能力提升 30%—40%。在这基础上,他再次筹借 20 万元,开始了以家为基地的新型培育模式,把培育的成本控制在最低。为了不断地改进技术,使技术更加成熟，凌炜强先后和安徽农业大学林学院及黄山学院成功建立了产学研合作,以保证技术的可持续发展。为了开拓市场,他不停地带着自己的产品和画册奔走于全国各地，先后在全国 9 个城市建立了加盟店,销售网络日益完善,并申请了商标"水榭花乡"。"现在我准备再次融资,建立现代化的立体观光培育基地,把黄山的旅游资源和现代化的水培基地相结合，带动父老乡亲们一起致富。”凌炜强说。

凌炜强说:“如今我有了新的事业,在一次次失败中,我懂得了适时地放弃,重新选择生活坐标。”黑暗后的生活有时也是一幅美丽的图画,前路有很多风景,不要耽搁步伐,把目光朝向未来。跌倒是一次纪念,纪念是一朵温馨的花,花谢了就是成功的果实。

许文君生在徽州，立志成为当代的徽商，这也许是文化积淀使然，也许是基于一种潜在意识。继承发扬、顺势而变，也是一种创业明举。“近水楼台先得月”，他因为爱喝茶，继而影响周边，在品茶的过程中，发现商机，眼前一亮。

最早在从学校时便开始做茶叶生意的许文君，一切都是从零开始。没有资金，没有市场经验，没有固定产品供给，跟小商贩无异，甚至不及。但是他的热情却只增不减，能够沉住气、站稳

“许文君 创业犹如春茶先涩后香”

正值各地春茶纷纷上市，这段时间对于许文君和其辛苦经营起来的文君茶行来说可谓一年一度的黄金时段。手捧一把刚从外地收购回来的春茶凑到鼻子跟前闻了闻，许文君露出沉醉的笑容。“闯事业就好比这手中的春茶，外表看上去色泽诱人，只有品了之后才知道先是苦涩后是香甜，历久弥香，沁人心脾。”

4月25日下午，记者见到了刚刚大学毕业的25岁小伙许文君。深深的黑眼圈以及脸颊上浓密的胡须，令许文君看上去狼狈而疲倦。许文君的女朋友心疼地告诉记者，近一个月的时间他们已经跑遍了省内黄山、池州、六安、安庆等7个地市，与当地的茶农、茶叶加工基地以及茶市经销商商谈茶叶的订单和销路。“要想在新的一年打开更广阔的茶叶市场，借助春茶推广的黄金档无疑是最佳时机。”

自文君茶行创立以来，许文君切身感受了创业的不容易，但更多的还是先苦后甜的滋味。2007年刚刚来到合肥上大学的时候，许文君喝不惯学校的白开水，便想起了家乡黄山的茶。几次放假回家，许文君都会从家里带来茶叶，泡出香浓的茶水，邀请同学、朋友以及老师品尝。许文君的热情令身边的人纷纷恋上了茶的味道。渐渐地，身边开始有人频频托许文君从黄山带回正宗的茶叶。敏感的许文君从中嗅到了商机。

一个没有流动资金、没有营销经验的大学生，想做点事情难免会遇到各种困难。为了不让家人担心，最初许文君并没有将创业开

茶行的想法告诉家人,而是选择只身一人试水茶市。一户一户茶农的家、一片一片的茶园、一家一家经销茶叶的商店、一个一个的茶叶加工基地,许文君都不会放过。因为在许文君看来,只有完全熟悉了茶叶的生产地、加工流程、销售行情以及选茶、购茶、泡茶、品茶的技巧,才能成为一个地道的茶商。

2008年春天,在盛产太平猴魁、名叫"猴坑"的小村子里,许文君一住就是 17 天,每天和茶农一起上山采茶,一起加工茶叶,一起品茶。尽管成天站立在茶山上的双脚浮肿了,成天弯曲的后背也会酸痛无比,就连采茶叶的手指也磨出了厚厚的老茧,但只要喝上一口自己全程参与泡制出来的茶,许文君便没有了疲劳,只剩下满心的喜悦。

许文君以为只要自己努力、踏实地做事,便不会有什么风险。2008年秋后,当浙江的一位商人找上门,表示要从许文君的茶行大量批发茶叶时,喜出望外的许文君一心想抓住商机,没多考虑便与浙商草草签订了协议。不想当许文君从安徽各地批发回 1000 多斤茶叶时,那位"贵人"早已不知去向。那一次,许文君赔掉了 5 万多元钱,也因此欠下了债务。

家人知道许文君在外一边读书一边学人做生意还赔了钱时,都赶到合肥来劝阻。然而,许文君不甘愿就此放弃,他想尽办法说服家人支持他创业,并承诺一定会成功。

现在,许文君的茶行已经越做越大,从最初的一个门面店到现在已经在合肥拥有了 3 家大小不等的门面店,总共雇用了 17 位职工,多数是许文君的大学同学或是在校大学生。2011 年大学毕业后,许文君开始将更多的精力花在茶行里。未来,许文君的目标是成为一个地道的徽商,将安徽的茶文化传播得更久、更远。

脚跟,不惜代价地实地考察,终于将自己的茶行有声有色地办起来。值得一提的是,许文君做茶,不是为了生意,是为了传承文化,观念和层次上了一个大台阶,势必要将茶文化发扬光大。

每个人都有自己的理想，理想是什么？有的人想想就算了，那么，理想只能算空想。只有蹦起来能够到的才是理想，当然这其中最为重要的是要去蹦，究竟能蹦多高，蹦得多完美，都是第二位的。

王桂水为了这一蹦连学业都耽误了，这个行为本身我们不必去讨论，代价是无法预估的，但收获同样是惊人的。他的坚定、决绝让其事业在初创时期就多了几分阳刚。市场风云突变，稍作迟疑，便失去先机。果断去闯尽显勇者的豪

“王桂水“闯将”的新天地”

尽管王桂水的名字里带一个“水”字，但其人却一点也没有水的阴柔静谧之感，反而更像是一道飞瀑，刚烈无比，一往无前。这个典型的皖北汉子，身材壮硕，声音浑厚，说起话来震得墙壁仿佛都在嗡嗡作响。以5万元起家，10年间从一个卖电脑硬件的小商铺发展到如今的集团公司，王桂水凭借的就是一股敢想敢为的闯劲儿，于不见硝烟的商界战场上生生杀出了一条通往成功的光明大道。

5万元起家

王桂水的创业之梦始于象牙塔内。

“高中时，我的理想是以后能做大律师，没想到大学却念了社会科学系。”因为对所学专业不感兴趣，就一直无心学习，王桂水回忆说，“那时，我一直在找出路，既然所学的专业不是自己的爱好，这已经是无法改变的，就必须寻找另一条出路。”

2000年，王桂水是合肥工业大学三年级学生。因为对电脑比较感兴趣，上学期间经常会去百脑汇之类的电脑商场转悠，时间久了，自然对市场行情有所了解，他决定就从电脑行业起步开创自己的事业。穷学生创业遇到的第一个难题永远是资金，他马上向学校请了假，回家请求做生意的父母在经济上给予支援。听完他激情澎湃关于“弃学从商”的演说，父母脑中只有一个念头：这孩子疯了。

他们开始劝导王桂水专心上学，不要轻易放弃上大学的机会，

迈，步步为营，稳扎稳打，才能立于不败之地。

创业也可以毕业以后再做，但执拗的王桂水用一种令人瞠目结舌的方式坚持自己的决定——绝食。刚开始，父母认为他肯定坚持不下来，因此不予理睬，但在他连续四天粒米未进后，看着孩子一天比一天消瘦，父母怜子之心顿起，终于妥协了。

2000年9月，王桂水的父亲到合肥市，用30万元为儿子注册了公司，但在公司注册之后就将资金抽走了25万元，只留下5万元。靠着这5万元，王桂水在百脑汇租了一间20平方米的小商铺，再添置一些办公用品，剩余的流动资金就只有1万元。

其实，王桂水的父母心里抱有其他的打算：拿5万元钱给孩子买个教训，赔光了，就知道生意不是这么好做的，自然也就踏踏实实地继续念书了。他们并没有想到，自己的儿子会靠着这笔微薄的资金做出一番事业。

就这样，年轻的王桂水以一种倔强的姿态走上了自己的创业之路。

2000年时电脑硬件的销售利润还没有透明化，行业利润极高。公司开业后，第一个月就开始赢利；第二个月就在高科技广场分设了一个电脑硬件销售点；第三个月，公司已经积累了数十万元的资金，迅速掘得第一桶金。一个在校大学生身上发生这样的事，当时整个学校都为之轰动了。在事实面前，父母放弃了对儿子的怀疑，甚至有些诧异，对儿子的商业眼光表示赞许，他们开始放手让王桂水专心地去做事业，不再逼他回学校。

创业的第一步，王桂水走得极为顺利。

闯劲儿与眼光

商海之中，风云变幻莫测。在公司经营到第四个月的时候，随着经营电脑硬件销售的利润开始逐步透明，单件产品的利润骤然间变得极为稀薄，极富商业头脑的王桂水并不是只会蛮干的人，他的目光开始转移到电脑软件行业。

2000年，国家开始对网吧、宾馆等一些娱乐场所加大监管力度，尤其加重对于网吧行业的监管，而加强监管就必须要有一套相应的监管软件来执行。当时，我省没有一套相应的成熟监管软件，王桂水盯上了这个市场空缺，他坚信，过不了多久我省对这种软件就会有大量的需求。

后来的事实证明，王桂水的商业眼光和对行业走势的分析都极其精准。他找到中国科学技术大学的一名专家负责开发这种监管软件，为不久之后将要开拓的巨大市场奠定基础。

2001年6月，王桂水就要毕业了，此时一心扑在事业上的他很少去学校。毕业考试的时候，他正在安庆市洽谈一个业务，考试的前一天下午，他还在犹豫是不是要回合肥市参加考试。考虑到眼下的这笔业务非常重要，牵扯的资金量非常大，王桂水最后还是决定留在安庆市。因为旷考，王桂水只拿到了毕业证，没有拿到学士学位证，这是他一直耿耿于怀的事情。

2002年，王桂水开发的监管软件进入了最后阶段，而此时在我省已经有四家公司加入了这个研发行列，其中包括科大讯飞这样的业界名企。由于提前近两年就开始研发，王桂水毫无争议地抢占了先机，他的监控软件在省公安厅宣布对全省网吧实行网上监管的前一个星期面世了。“全省7000多家网吧、1万多家宾馆，这是一个巨大的、暂时还没有竞争者的原生态市场。”王桂水兴奋无比，迅速攻城略地。到2003年，他的监管软件已经出现在了我省各地，分公司也随之走入各地，在业界牢牢地打下了根基。

达到了自己事业的第一个巅峰，王桂水并没有被胜利冲昏头脑，相反，他开始以一种极为冷静的心态关注起其他的商业领域。

“开公司经常会给客户送一些小礼品、小纪念品，从市面上买回来的我都不是很满意。为什么不能自己做呢？”在市场上各商家激烈的促销战中，王桂水看到了高档促销礼品稀缺带来的商机。雷厉风行的他立马成立了一家礼品公司，由于我省的礼品生产整体工艺水平较低，王桂水把生产订单全部投放到广东地区，自己的公司只负责设计环节。拿到样品后，王桂水开始丝毫没有老总架子地跑市场，由于定位精准、设计制作精良，“华博”的礼品很快成为省内烟草、汽车、金融等高端行业促销礼品的首选。

创业就要敢想敢为

王桂水用“喜欢总结，敢想敢干”来概括自己的奋斗历程，他并不承认自己是一个成功的人，却笃定地认为这八个字是走向成功的基石。

凭借这八个字的“秘诀”,辅以对行业大势的判断及敏锐的商业眼光,王桂水的事业规模如滚雪球般迅速扩大起来。经过10年的发展，当初那个销售电脑硬件的小商铺已经成长为以高新技术产业为依托、多元化经营为主导,业务涉及软件开发、网络系统集成、网络安全、商贸、家具制造、驾训、消防检测等多个领域的集团公司。

“每个人都有自己的理想，区别在于有的人只是想想而已,把想法深埋于心底或者干脆睡一觉就忘了,所以他们不会成功,而有的人却立即展开行动，去为实现这个想法而努力，也许他们会失败,但最终会获得成功。”对于自己的创业经验与感悟,王桂水从来不吝分享。“现在政府鼓励青年自助创业,给予了很多政策性扶持,也有很多年轻人有强烈的创业意向,这都是很好的事情。”王桂水说,“但是现在很多年轻人的思维不够清醒,不知道该干些什么;也有一些头脑清醒的,胆子却又不够大,知道自己想做什么事但就是不敢放手去做。敢想敢为才能成为赢家。”

2010年11月29日，王桂水回到母校怀远县第一中学成立了“华博助学基金”,以独立班级的形式进行捐助,为首批“华博班”的56名贫困学生每人每学年资助1000元。此后每一年,凡是在初中升学考试中取得全县前300名优秀成绩且家庭困难的品学兼优学生均有申请进入“华博班”的资格。“你们要发奋学习,敢想敢为,将来做一个有益于社会的人。”在每一届“华博班”的开班仪式上,王桂水总会强调“敢想敢为”这几个字。“要让他们从小就有这种意识,说不定这些孩子中间就有未来的成功人士呢。”王桂水笑着说。

谈到自己的未来,身为华博集团董事长、省青年联合会委员的王桂水沉思片刻,声音洪亮地说:“我不想谈规划之类的问题,踏踏实实地做事,继续向前迈进,把企业做大做强,为社会多做一些贡献,这是永恒的目标。”

看来,这名胆大心细、敢想敢为的闯将,声称自己绝非成功人士的企业家,还将朝着他自己心目中的成功,继续在商海中闯下去。

来自农村，回归农村。在农村放开手脚，挥洒出一片天地。农村怎么了？现在农村早已不是我们想象的那种，面朝黄土背朝天的不见天日，事实上正是土地让人民生活在希望的田野上。

袁雪芬放弃北京优厚的工作，毅然返乡创业，是具有代表性的，足以指引、鞭策越来越多学有所成的大学生回归基层，返乡开创事业。我们不必惊讶于她的选择，实践中，每个人的机会都是对等的，在岔路口，是向左还是向右，不同

“袁雪芬 女硕士回乡种虫草”

我自幼生长在农村，切身感受到农村的落后和农民的艰辛。很早就立志要努力学习，走出农村，学习和掌握先进技术，改变农村落后的生产方式,带领家乡人民走上科学致富的道路。

总书记讲话促我回乡创业

2002年高考填报志愿，怀着对农业的一份热情，我毅然选择了安徽农业大学。通过四年的学习，掌握了农业基础知识，对我国农业、农村和农民，即“三农”问题有了更加深刻的认识，更加坚定了学习科学文化知识，带领农民致富的决心。为了提高自身水平，我本科毕业后放弃了直接推荐为免试研究生的宝贵机会，毅然选择报考我国农业类最高学府——中国农业大学攻读硕士学位。功夫不负有心人，2006 年 9 月我顺利考入了中国农业大学农学与生物技术学院继续深造，师从张国珍教授，主要从事食用菌和药用菌方面的研究。恰巧导师申请到了一个关于蛹虫草的国家自然科学基金项目，于是我与蛹虫草结下了不解之缘。蛹虫草具有很高的经济价值和研究价值，我的研究与生产结合的也很紧密，所以实验室的同学经常和我开玩笑说毕业后我们都回去种虫草，当时我也只当是开玩笑而已并没有放在心上。

硕士三年，我学习和掌握了食用和药用菌方面的理论知识和实用技术，多次参加全国性的学术交流会并作学术报告，发表会议

论文2篇,申请国家专利1项。2009年6月12日,我顺利通过了硕士论文答辩,拿到了硕士学位证书,也为我20年的读书生涯暂时画上了一个圆满的句号。

临近毕业的那个学期，我和身边的大多数同学一样边写论文边投简历找工作,整天奔波在大小招聘会现场。不知是实验室同学和我开的那个玩笑在心里作祟,还是我对家乡亲人的思念,找工作的热情总是不高涨，但最后还是和一家从事药品研发的公司达成的意向。就在这时,学校也发布了招聘研究助理的公告,工作满一年后就可以解决北京市户口,条件很有诱惑力,我的导师给我争取了一个名额,家人也非常赞成我留在北京发展。可我心里总是不踏实,总想着怎么把实验室里的理论知识运用到实践中。难道我真的要回家种虫草吗？心里的这个想法让我很纠结,我开始试探家人的态度。一次我和父亲打电话说我打算放弃北京的工作回家种虫草,他听了好半天才反应过来问我刚才说什么,我接着重复了一遍。父亲连忙问我是不是出了什么事，我一听明显时机还不成熟所以就说我是开玩笑的,只是很想回去而已,这才结束了通话。接下来的日子,我在写论文之余总想着回去种虫草的事。

直到2009年5月2日，国家主席胡锦涛同志到我们学校考察,发表了一场精彩的讲话,鼓励我们毕业生深入到基层,深入到群众中,政府会大力支持毕业生自主创业。为了实现带领家乡人民科学致富的理想,为了我三年的研究成果能够顺利转化,同时为家乡食用菌和药用菌产业的发展做出微薄贡献，我决定毕业之后回家乡创业。这一次我很认真地和父亲进行了交谈,我把想法和具体计划详细地说给他听。幸好父亲思想比较开放,也一直比较尊重我的想法,经过我的极力劝说最终父亲答应让我回来试试,不过他定了一个条件,那就是如果两年没有成功就得放弃,然后安安心心工作,就当是给自己积累经验。于是我带着这份无形的压力回到了朝思暮想的家乡,开始了我艰难的创业之路。

的选择，让我们走的路千差万别。所以说，千万不要埋怨命运不公，命运从来都是掌握在我们手中的。

创业路上一波三折

回乡后，为全面深入了解家乡食用菌产业发展的现状及存在的问题,我深入生产一线开展实地调查,并与种植户进行了深入交谈。经过调查,我发现虽然家乡食用菌产业已初具规模,但要想获得更大的发展,仍存在一些限制因素。农民对食用菌种植的知识了解甚少,多数采用传统的种植方式,种植成本较高;虽被命名为"中国灵芝之乡",但是本地尚无自己的菌种,种植成本高,严重限制了本地灵芝产业的发展;种植的食用菌品种也以低档食用菌为主,缺乏中高档食用菌,制约了本地食用菌产业经济效益的提高。针对上述问题,我开展了一系列工作,希望为家乡食用菌产业的发展做出自己的贡献。

2009年8月，我和家人一起成立了安徽健达生物科技有限公司,公司以北冬虫夏草(北冬虫夏草简称北虫草,也叫蛹虫草或蛹草,俗名不老草,是虫、菌结合的药用真菌,现代珍稀中草药)、灵芝生产为主线,辅以中高档食用菌,主要从事珍稀食用菌和药用菌的研究和生产。

光彩背后总埋藏着太多的艰辛和泪水。很多人对我说当老板多好,又挣钱又自由,可是这背后的辛酸只有我和我的家人才能体会。刚走出校园的我没有任何的工作和社会经验,但却要去接触各行各业的人，处理各种各样的事情，似乎一夜之间我就得长大成熟,甚至连喘气的机会都不能有。公司成立的时候,父亲骑着电瓶车带着我进出各个单位办证照,那时正值盛夏,十几天下来,我和父亲都瘦了一圈,也黑了很多。父亲是教师,也从来没有在烈日下这样奔波过,坐在父亲的车后看着他头上的白发和瘦弱的身体,我发誓不管有多艰难我都一定要成功。公司证照办齐以后就要去采购设备了,没有任何采购经验的我们吃了不少亏和苦头。我只知道实验室用的那些牌子的设备,对其他的了解甚少,所以也不敢轻易乱买,于是就联系了我知道牌子的厂家,厂家让我们直接找负责这一片的区域代理。联系上以后,我和父亲就去了南京一下子采购了10万元的设备。后来才发现生产和做试验是不一样的,有些设备是可以简略的，白白多花了几万元。第二天清早我们直接从南京赶往徐州采购玻璃瓶，到徐州已经是中午了，午饭都没顾上吃就直接去找生产玻璃瓶的地方。下午把事情谈好后，我们就准备连夜赶回去，因为家里还有很多的事情。徐州没有直接到我们那的车，我们必须坐火车到芜湖中转，在火车上我和父亲都累得睡着了。到了芜湖，乘务员来叫我们下车，我一看时间是凌晨3点。出站后，我们想再过几个小时应该就有回去的汽车了，就省下住宿费在火车站的广场上足足待了3小时。那是我25年来第一次在露天广场睡觉，第一次感觉黑夜是如此地漫长。

不知是老天爷考验我还是捉弄我，设备和材料采购回来以后，我就开始生产了。满怀信心的我一下种了3000多瓶，看着菌丝一天天地变多，我也忘却了之前的种种艰辛。一个月之后，菌丝该出草了，可怎么也不见长出芽来。这下我可急了，我是严格按照要求来操作的，应该不会有问题的，因为之前在学校也没遇到这样的问题，所以一下把我难住了。连续几天都没睡好觉，就一直想，问题出在哪里，终于，我发现是菌种出了问题。菌种是我托导师从北京寄过来的，当时温度比较高，而且是3天后到我这里的。蛹虫草是低温菌类，所以这么一来菌种发生了退化导致不出草。我的一时疏忽让我损失了近万元。不过这并没有打击我的自信心，任何事情都有两面性，至少我不会再犯这样的错误，而且也让我明白实际生产和简单的实验还是有很大区别的。我应该感谢曾经受过的那些苦和累，是它们让我能这么快地成长，让我由一个懵懂的学生变成一个可以担负重任的创业者。

创业成功肩负更多责任

近年来，我们先后投资近百万元构建了微生物实验室，该实验室能够进行食用菌菌种分离、纯化、筛选、保存、扩繁，以及优化食用菌的生产工艺，为实现本县食用菌菌种自主化、提高经济效益提供了技术平台，公司也因此被纳为“全国农业科技试验示范基地”。利用该平台，结合菌种限制我县灵芝产业发展现状，2010年，我们成功分离纯化获得了几十株灵芝菌种，通过不断优化、筛选，获得了几株高产、适合本县种植的菌种,经实验,这些菌种品质优良。下一步,我们将在全县范围内大面积推广高产优质菌种,有望解决我县灵芝产业菌种长期依赖外地引进的问题,为我县灵芝产业的长足发展提供保障。公司自成立起就得到了中国农业大学蔡祝南教授、张国珍教授等多名专家的悉心指导,并与多家高等研究院所建立了长期稳定的合作关系,拥有雄厚的科技实力。利用现代生物技术,公司成功培育出高品质的北冬虫夏草子实体,并与北京金贝尔生物工程研究所联合开发出包括虫草子实体礼盒、虫草茶、虫草子实体胶囊等系列虫草产品。这些产品一经推向市场,得到了广大消费者的一致好评,为公司带来了丰厚的利润,先后获得"安徽省高新技术产品"、"宣城市旅游产品"等荣誉称号。通过一年多的发展,目前公司年总产值可达到300万元。

在发展自身的同时,我时刻没有忘记带领家乡人民共同致富。我县食用菌和药用菌种植面积虽在不断扩大,但由于种植户缺乏专业知识、种植方式落后、操作不规范、病害防治不及时等,常常出现大面积病菌侵染的现象,造成巨大的经济损失。为减少种植户的经济损失、提高他们的食用菌知识,我多次到种植基地对农户进行食用菌栽培和病虫害防治技术的培训,并现场解决种植户遇到的问题。创业起初,我也曾遭到家人的强烈拒绝和别人的冷嘲热讽,但这些并没有打击我的信念,我依然坚持了自己的理想,扎扎实实走好每一步。正是这份对事业的执着和家乡的热爱,我先后被评为"旌德县十大青年创业之星"和"安徽省农民致富带头人"。该项目也得到了社会各界人士的认可和大力支持,在宣城市"麦莎广场杯"青年创业设计大赛中荣获二等奖。

通过几年的实践,我对我县食用菌产业发展现状、存在的问题有了更加深刻的了解,同时积累了丰富的经验,坚定了通过自身所学带领家乡人民科学致富的信心。下一步,为加快我县食用菌产业的发展、带动家乡人民科学致富,我将在不断扩大"北冬虫夏草"生产规模的基础上,建立我县首个菌种研发中心,筛选、优化获得适合我县种植的食用菌和药用菌菌种,逐步实现我县食用菌和药用菌菌种的自主化;组织一些有能力有意向的农户成立合作社,充分调动他们的积极性,逐渐实现我县食用菌和药用菌的综合发展、改进我县食用菌和药用菌种植模式，增强我县食用菌和药用菌产业竞争能力，提高我县食用菌和药用菌产业的经济效益，为带动家乡人民科学致富做出应有贡献！同时以实际行动告诉更多的年轻人：农村也是一片广阔的天地，同样可以充分展示自己的聪明才智，为国为民做出自己的贡献，以期吸引更多优秀人才加入到家乡建设的队伍中来！

如果不是因为家庭生活上的压力，或许张鹏不会选择创业，起码不会拼命兼职赚钱，不会那么早步入职场，步入市场。他太渴望成功了，也太需要成功了。

有时候，需要会形成一股强大的力量，助推你无论如何都要实现的目标。道理很简单，当需要变成一种理直气壮的理由时，没有什么可以阻挡其发生、发展。为需要而生，为需要而战，战无不胜。

“张鹏 创业做伴好读书”

我是安徽建筑工业学院艺术学院2006级装潢(1)班的毕业学生张鹏。2006年夏末，我收到安徽建筑工业学院的大学录取通知书。9月，怀揣父母与亲戚朋友们的希望和自己对新生活的向往，拿着父母四处奔波凑齐的学费来到安徽建筑工业学院报到。

对即将到来的大学生活，我有几许激动，几许忐忑，几许忧愁，因为四年的学费是多么大的负担啊！虽然这次的学费问题解决了，但仅剩的200块钱如何能维持我这一学期的基本生活？下次的学费还要靠年迈的父母来拼攒凑齐吗？我上有年迈的爷爷奶奶，下有在读中专的妹妹。想到这里，心中的希望与茫然交织在一起涤荡我苦不堪言的心，我该怎么度过我的大学生活？我不能让我的父母再为我操劳！为了减轻家庭负担，我暗自立下誓言：“明确目标，决不放弃；百折不挠，韬光养晦；逆水行舟用力撑，一篙松劲退千寻。”上学期间我必须拼命挣钱，否则根本无法完成四年的学业。

后来，我了解到可以通过勤工助学来赚取些生活费，我就开始留意这方面的信息，以尽快能找份工作。“天行健，君子以自强不息；地势坤，君子以厚德载物。”除了在学校做兼职外，我还在寒假谋求到一份看守学校大门的工作。上大学的初期，我还发过传单，打过零工，利用假期到公园给人看管过孩子，在中国电信做客服催缴费用，给中国建设银行发过信用卡，给新浪做过信息收集员，给装饰公司在展会上举牌做广告……就这样，我靠自己劳动挣来的一点钱和艺术系领导、老师的帮助维持着生活。

由于自己对电脑有特别的爱好，我有幸成为了校学生会网络编辑部的一员，之后又加入了太阳雨文艺社网络部、大学生记者团，通过勤恳的学习和不辞劳苦的工作，我被校团委推荐到学校网络信息中心兼职，成为网络维护员，主要负责校园网络的维护、参与了学校校园网络改造，四年如一日，为教职工的网络安全增加了一份保障。我还先后在学校保卫处、工会、招生办、教务处、就业指导中心、校团委、艺术学院、学生处等部门兼职。

而我的创业梦也是在勤工助学的过程中找到的。当初进大学后的200元使我努力地在校内校外兼职，而创业是为了摆脱这种困境。这种想法一直在困扰我，直到2008年春节，当所有的人都沉浸在春节的喜悦中时，我却在正月初四独自一个人从老家往学校赶，由于没有直达的火车，到南昌后又没有直接到合肥的火车票了，只能在火车站过夜，第二天坐汽车从南昌到合肥。正月初五，当时学校周边还比较冷清，我把学校周边可能谈下来的门面都看了一遍又一遍，由于几家店面都需要高昂的转让费，这让我进入了等待期，一等就是一个多月。直到3月5日，有一家店自己由于着急要去外地发展，门面刚刚空出来，我就跟房东联系上了，谈好房租后我让房东给我一天的时间。当时我没有团队，没有钱，只是有想法。

当天晚上，我回到宿舍后把我的想法和我的室友商量，一直商量到了凌晨，我们通过各方面的分析，感觉可以去干，并谈好了各个人的分工。我创业初期的团队就是这样形成的。由于是3月6日凌晨组成的团队，我们的团队就此命名为360，一个追求圆满的团队。我们宿舍的人有5个人来自外地，只有1个安徽本地人，也许是来自全国各地的原因，我们初期的团队并没有那么互补。当时由于我在学校网络信息中心兼职，我对计算机技术比较熟悉，并由于我在学校的人际关系最广泛，所以我成为我们团队的负责人。启动我们事业的原始资金都是我们当时的生活费，总共才1万多块钱。而且，我们大家都是提前向家里把一个学期的生活费都要过来。当时的物价水平也没有这么高，我们一个人一个学期才用2000块钱左右。

我深深地记得，当别人安心地躺在被窝里熟睡，我却要早早起床去为一天的生计而奋斗;烈日当头,别人在空调房里吃着冰棍,我却忙碌地奔波在大街上挥洒汗水;夜深人静,宿舍里的人都安睡了,我才拖着疲惫的身躯回到宿舍,回想这一天的收获,我的心才能得到宁静得到歇息。

美丽的校园,总是有个忙碌的我在奔跑着,没有定点的就餐时间,经常午饭到晚上吃,晚饭到深夜吃。多想安心读书,多想在图书馆泡一天,多想不再四处奔波,但是我不能放弃,我清楚地知道我肩上的责任。我没有消极,没有攀比,没有虚荣,我深知自己肩负着父母的希望,我的责任重大,我不能放弃我的梦想,我要用感激的心情去回报所有关心过我的人。我乐观地生活,以平静的心态积极地面对生活,努力工作,勤奋学习,为我的梦想早日实现而奋斗。

我从不会因为工作而耽误学习,我认认真真地记录课堂笔记,尽我所能完成课堂作业。学习中不允许自己有半点马虎,“知之为知之,不知为不知”。闲暇时间我会泡在图书馆充电,知识是我的精神食粮,它大大增加了我的知识面。在校期间我曾担任过团支书、校学生会网络编辑部干事、校学生会宣传部部长、校学生会副主席、校学生治安保卫队队长等职务,还参与学校组织的各项大型活动,评估第五次团代会、第六次学代会、50周年校庆,2008年、2009年“三下乡”活动,并荣获“第三届‘挑战杯’大学生创业计划大赛二等奖”、“安徽省‘三下乡’先进个人”、“安徽省首届科技创新创业大赛优秀奖”、“2007—2008年优秀学生干部”、“中国电信2008年秋季校园活动最佳策划奖”、“2010届安徽建筑工业学院优秀毕业生”等,并在2008年安徽省青马工程“江淮大学生菁英学校”圆满结业。

2008年2月,我参加校内“挑战杯”创业大赛,并获得校内二等奖,虽然与省大赛无缘,但并没有对自己的劳动成果放弃。随后,在校团委与同学的帮助下,我把大赛商业计划书转化为实体,创立“创想360”,随后更名为“360电子”、“360科技”,经历了三年多的艰辛,现在已经初具规模,店铺总数已经达到了4家、中国电信营业厅2个。现在,我主要以IT类产品以及相关的消费电子类产品为主,包括品牌台式电脑、DIY电脑、笔记本电脑、电脑配件、电脑外部设备、数码产品及配件、通讯产品及配件、办公设备、软件等,集电脑耗材批发(耳机、鼠标、键盘、摄像头等)、中国电信全业务、手机为一体。在职员工有 9 人,兼职学生有 10 余人。

2009 年 10 月,我参加了安徽省首届科技创新创业大赛,并荣获大赛优秀奖。

经过几年的努力,我们得到了我们的合作伙伴的肯定。在渠道上,我们代理了中国电信全业务、中国联通、中国移动、新网域名、安徽八度、天宝显示器、长城显示器、第五元素显示器、凤凰城机箱电源、水星网络产品、腾达网络产品、国宇键鼠、天下键鼠、联想笔记本电脑、金士顿存储产品等;在业务上,我们和很多的大企业有业务上的往来,宇鑫物流、富煌集团、龙腾虎跃营销管理、聚鹰堂广告、木鱼网络、蓝云公司、美食加食用油、安徽电视台第五频道、安徽建筑工业学院、凯旋装饰等企业。对线上线下的联合布局,加入淘宝网、阿里巴巴、拍拍网、易趣网等网络平台进行网络销售,并取得一定的成绩。

俞敏洪说:当你是地平线上一棵草的时候,不要指望别人会在远处看到你,即使他们从你身边走过甚至从你身上踩过,也没有办法,因为你只是一棵草;而如果你变成了一棵树,即使在很远的地方,别人也会看到你,并且欣赏你,因为你是一棵树!我想,我应该做一棵树。

我始终坚信,手脑并用,坚持不懈,善于抓住机会,就一定能成功!我会继续努力追求自己的梦,让梦不再只是梦!

在逆境中成长，昂首迎接一轮又一轮的挑战和洗礼，人性展现出顽强的一面，孱弱、娇气都被湮没。

窦开宏创业之艰辛是始于生活的艰辛。家庭变故让他没有时间去享受生活，享受该有的天真烂漫、雪月风花。他来不及，也无暇顾及。

生活像是一个鞭子，不停地抽打着、吆喝着。与生活赛跑，与时间赛跑，与困苦赛跑。跑起来才有精神，才有勇气，才有生命是活着的感受，动作才更娴熟，一旦找到属于自己的赛

“窦开宏 警校走出的创业者”

他的昨天可谓艰辛，曾经因为家庭原因不得不休学；他用本分的农家精神，为自己赢得了信任，看似意料之外，其实是在情理之中；他忍常人所不能忍，企业由零订单发展到现在全省最大的民营保安公司。

他便是窦开宏，六安市人，安徽警官职业学院2005届社会保障专业毕业生。四年前，他还是安徽警官职业学院的在校大学生，四年后，他已拥有三家公司。2005年3月，他创办合肥振升安全防范科技有限公司；2008年10月，成立振宏物业管理有限公司。经过短短几年的发展，公司资产逾千万元，在职员工1000余人，先后解决400多名下岗职工和大学毕业生就业问题。2011年7月，安徽振升保安服务有限公司获省公安厅批准成立，窦开宏成为全省最大的民营保安公司掌舵人。

昔日的农家穷小子如何创造今天的这个财富神话呢？

遭遇无奈，为救父休学筹钱

2002年9月，窦开宏带着梦想和亲人殷切的期盼，走进安徽警官职业学院，从那时起，他成为预备警官。他每天早上5时多起床，开始一天的学习、生活，出早操、整理内务、站路队、队列训练、上理论课和晚自习。如果按照这样的学习、生活方式，他会像大部分学生一样，毕业后，参加公务员或招警考试，成为国家干部，实现跳出

农门这一全家人的梦想。

窦开宏老家在六安市一个小山村，父母和兄长都是朴实厚道的农民。家境贫寒的窦开宏特别孝顺和懂事，他深知家庭经济的困顿，从不乱花一分钱，就连吃饭都显得对自己残忍，每天几乎都是馒头、米饭、咸菜，而且常常一天只吃两顿饭，每月伙食费不足百元。夜里，他从没奢求过平躺着睡，胃实在饿得难受就翻个身以缓不适，严重的营养不良导致他体形偏瘦。虽然在学校称得上是一个活跃分子，曾经参加过几个学生团体，但是对于社团组织的各种娱乐活动，他总是寻找种种借口推托，其实原因只有一个：贫穷，舍不得参加活动时交纳费用。

屋漏偏逢连阴雨。似乎是命运在专门考验他，就在大学二年级那年，他的父亲身患重病，差不多卖光了家里所有值钱的东西，还欠了亲戚、朋友许多债务，这对于本来就贫穷的家庭无异于雪上加霜。看到病榻上躺着的父亲，以及病床前母亲那无助的眼神，窦开宏泪流满面……为了减轻家庭负担，他要打工挣钱。第二天，他回到了学校，找到班主任，说明家里的情况，并递上“休学申请”。教师和同学们得知情况后，也纷纷伸出援助之手……令人略感安慰的是，就在窦开宏休学后不久，他父亲的病竟奇迹般逐渐恢复，窦开宏又回到那熟悉且喜欢的大学校园。

赢得机遇，意外掘得“第一桶金”

为了缓解家庭的经济压力，在学习之余，他开始勤工助学。期间，他当过空调安装学徒工、送过纯净水，甚至到建筑工地做过小工……2003年暑假前，窦开宏在班主任吴蕾的帮助下，谋得了一份在二手房销售转租公司的工作。吴蕾鼓励他说：“困难总是暂时的，只要保持你的勤奋，就一定会创造出人生的辉煌。”

即使在这家仅有4个工作人员的小公司里，窦开宏依然十分认真去做。每天上班第一个到，把办公室打扫得干干净净，有什么工作任务总是主动去做，下班却是最后一个走。他的勤勉作风和出色业绩赢得同事尊重，公司老板对他更是赞赏有加。2003年10月，就在窦开宏工作不到3个月的时间，这家二手房销售转租公司老

道，才会像离弦之箭，带着激扬的哨声呼啸而过。

窦开宏创业之路的幸运，更应该视为是他应得的，态度决定了一切，赢得了尊重与信任。在市场经济风云突变的当下，尊重和信任是花钱买不到的，是开启天门的密钥。

板因事业需要,要到别处发展。离开时,老板和窦开宏彻夜长谈。同时,老板将店面转让给了窦开宏,并向他许诺:你要是赚到钱,就还我的租金;要是亏了,租金就当是我对你这位兄弟创业的支持。老板这个许诺彻底改变了窦开宏的人生轨迹,从此以后,窦开宏开始有了属于自己的"地盘",并且逐渐喜欢上了经商。到2004年底,窦开宏认真清点一年多的经营成果,发现自己居然拥有一二十万元的资产。此时,他已不满足仅仅拥有一个小小的店面了,他果断将店面转让别人,他要创办一个属于自己的公司。

踏过艰辛,坚持中看到彩虹

"选择一个好的项目,是大学生创业成功的关键。"窦开宏说。

当初成立公司时,因有过临时保安服务的经历,而自己的专业和安保行业有很大的契合性,于是,想到成立一个专门托管保安的公司。

窦开宏把自己的想法告诉了班主任吴蕾老师,在得到吴老师坚定的支持后,他跃跃欲试,准备大干一场。这时吴老师又及时提出建议,创业仅仅有激情还不行,你现在缺乏企业管理经验。而后在吴蕾的帮助下,窦开宏于2005年1月进入合肥市一家大型物业公司实习当保安。经过近2个月的磨炼,他已基本熟悉了保安行业的管理和工作流程,加之自己的努力学习,企业管理能力得到显著提高。

2005年3月,窦开宏注册的第一家公司是合肥振升安全防范科技有限公司。

"公司成立之初,面临的困难超过了我的想象。"回想起自己创业时的艰辛,窦开宏感慨地说,"公司成立2个多月,没有接到一个业务。要不是3年警务化管理的磨炼养成了我永不服输的意志品格,真的想放弃了。"

"创业没有退路,最大的失败就是放弃,今天很残酷,明天更残酷,后天很美好,不管遇到任何困难,你都不要放弃今天,退缩是没有出息的,不经历风雨怎能见彩虹?"窦开宏常用这句话鼓励自己。为了打开困局,窦开宏平均一天用4个小时睡眠支撑其20个小时繁杂的工作。每天早晨,他带着公司简介,骑着自行车一家家企业去谈,晚上筋疲力尽地返回。窦开宏说:“人的意志真的比什么都重要。”功夫不负有心人,2005 年 6 月,公司成功接管第一个外包服务项目——上海东南骨科医院;9 月, 与中国 500 强企业上海绿地集团达成合作协议;2006 年 3 月,成功接管建设部示范住宅小区梦圆小区……

窦开宏说,他的每一步发展,都离不开母校的帮助,在家庭遭遇变故时,是母校的老师伸出援助之手,他每年也都是警院助学金的资助对象;在创业时,母校的老师利用自己的关系积极帮助联系业务,以实际行动给予了无私的帮助。为了回馈母校在他的创业路上给予的帮助,他将与母校联系,创办一个大学生创业协会,借此帮助更多想创业的大学生完成创业梦想, 让他们在创业这条路上尽量少走弯路。同时, 他将最大限度地接受母校毕业生到公司工作。

2011年 7 月, 省公安厅正式批准设立安徽振升保安服务有限公司,年轻而又充满活力窦开宏又站在了一个新的起点上,在未来发展道路上,将带领他的团队,开创振升新天地。

是大学生，也是村官，大学生村官的双重身份让胡宁有了用武之地，他要身体力行，立志做农村致富的带头人。

想法一出，真要实践的时候谈何容易，到处是问题，是瓶颈，压得人喘不过气。最苦恼的是家人的不理解，别人异样的目光，这才是最为打击人的，让人心伤，让人泄气。但是越是到关键时刻，越是要挺住。正所谓事到两可要当心，挺得住就能把持住主动权，就会有扭转局面的时机到来。创业不是剧本，演一演就会完美谢幕，不仅自己要当好演

胡宁 超级“牛人”

在凤台县汤庄村，找胡宁，可能有人不知道，但是找“牛人”，乡里乡亲一准知道。这个毕业后回乡养牛的大学生，凭着身上的一股“牛气”，创办了一家奶牛公司，年产值超过千万，利润过百万。

在校立志向，扎根新农村

胡宁从小就希望家乡能变得像一些大城市那样繁华，所以想为家乡的发展出自己的一份力，实现自己的梦想。2008 年胡宁毕业于淮南师范学院。在校期间，他天天钻到图书馆看书，除看自己本专业的书籍外，他还时刻关注那些有关中外经济、创业方面的报纸、杂志、论坛和农业书籍等。四年的知识汲取让他受益匪浅，大学毕业后，胡宁并没有向其他同学一样忙于找工作，而是冷静地思考将来的人生目标，他要扎根农村，为家乡的发展做贡献。在别人看来，农村孩子只有考取大学才是唯一的出路，走出农村过上城市生活也是每位做父母的心愿。而胡宁则认为作为一名农村大学生，支持家乡的发展责无旁贷，农村只有新鲜的空气进来才有今后的发展。此时，胡宁已经初步给自己想好了出路。

选聘为村官，探索致富路

2009 年 3 月，通过考试，胡宁被选聘为一名大学生村官，因为

员，还要当好导演，学会控制全局。

农村也有一片广阔天地！在县委、县政府的直接关怀下，在岳张集镇党委的关心和指导下，在寺沟村村支"两委"和广大群众、同事的大力支持下，胡宁不断加强自身学习，完善工作方法，积极参与各项工作，取得了一定成绩。在工作之余，为能更好地提供服务，他深入群众，虚心向群众学习，了解群众之所想。在与他们的交谈中，胡宁发现他们对官并不感兴趣(反而有种反感心理)，从他的语言和眼神中可以看到他们渴望致富，却找不到好的发财致富之路的迷惘。农村需要发展，农民想要致富，需要人才、科技、知识，需要致富路上的领路人。因此，胡宁在做好农村社会工作的同时，积极寻找创业机会，胡宁要以创业来带动群众致富，为群众排忧解难。于是胡宁就通过书籍、网络收集创业信息，并且借了5000元钱到全国各地去实地考察，他发现猪和鸡不易防疫，同时猪肉和鸡肉市场价格的波动性比较大，不易掌控，黄牛的养殖周期长，回笼资金慢，且投资大。这时正好赶上三鹿奶粉事件的发生，胡宁发现目前奶牛养殖市场比较混乱，还是以家庭散养为主，养殖质量和科学化程度都不高，并且还出现原奶掺假现象。鉴于牛奶营养的完善性、全面性，世界上许多国家都采取措施扩大乳制品的生产和消费，世界卫生组织把人均乳制品的占有量列为衡量一个国家人民生活水平的主要指标之一，此时胡宁认为养殖奶牛将是农民致富的好出路。胡宁记得一次是在山东考察，身上没有带够路费，就吃住在一位养牛的大叔家。白天胡宁帮他打扫牛棚的卫生，晚上就在牛棚与牛相伴，每夜"风尿交加"，难以入睡。

品尝辛酸泪，汗洒筹资路

为了实现自己的人生梦想，胡宁开始了筹集资金的道路。胡宁首先向村书记介绍了养殖奶牛这个项目，但是由于村土地资源有限，所需资金数额庞大，村里无力承担。通过多方协调，筛选可用土地，胡宁发现只能到偏远的汤庄村发展，汤庄村位于颖凤交界处，那里玉米、大豆、水稻等资源丰富，可以说自然环境十分优越。

于是胡宁就想办法招商引资，找父母、亲戚和朋友帮忙，得到的却都是责怪："上完大学不好好找份工作而去养牛，真不可理喻。”经受多次巨大的打击,胡宁并没有放弃,逢人便解说自己的创业养殖奶牛的梦想。一次偶然的机会,胡宁认识了一位外地大老板,他说愿意投资1000万元钱来搞奶牛养殖,前提是要把土地等很多相关手续办齐。欣喜若狂的胡宁不顾一切地要抓住这次难得的机会,便向自己的表姐借来6万元钱,开始筹办前期工作,抓紧一切时间。功夫不负有心人,终于把所需手续办齐了。此时胡宁再去找投资人,但人已不在了,说到大城市去投资了。这个消息如同晴天霹雳,想到自己为了养牛之梦所付出的种种艰辛,胡宁抑制不住地流下了眼泪。这次打击,让胡宁生了一场大病倒下了,最不能让胡宁释怀的是创业梦想没能实现,带领农民共同致富的希望也化为了泡影。胡宁觉得周围很多人都在嘲笑讽刺自己,再加上父母、亲戚的不解,经历过这次打击的胡宁一蹶不振了。就在要放弃的时候,胡宁又听说邻近村有个养鹅场倒闭了,他的希望之火又重新点燃了起来。于是胡宁就找到养鹅场的场长,准备租他的养鹅场地作为奶牛养殖场。起先,找场长商议时,他什么都同意,谁知到了真正要落实合同时,又出现了变故,胡宁只好又放弃了。就在他陷入绝望境地的时候,他认识了几个志同道合的朋友,朋友们又给了他机会,胡宁非常珍惜这次得来不易的机会。通过胡宁的努力,朋友们最终被胡宁的真诚所感动,并且对此项目的前景非常看好。在建设期间,困难重重,也因为意见分歧,导致多次停建。就这样,在别人的白眼和家人的不解中,胡宁最终把奶牛养殖基地大体建成。但因为他的合伙人认为投资太大而不再继续投资,此时胡宁又踏上了筹集资金的道路。

胡宁说,人在这个时候,最容易迷失方向,最容易放弃。但我相信:创业最难的时候,就是刚刚开始的这一段,所谓从0到1的距离超过从1到1000的距离,讲的就是这种现象。当你被外界否定的时候,你最不能给自己雪上加霜;当你最想放弃的时候,恰恰最不能放弃!

筑建奶牛园,初现创业梦

“路漫漫其修远兮,吾将上下而求索”,凭着毅力和坚持,胡宁克服了种种困难,最终还是把奶牛养殖基地建成了。当回忆起创业艰辛之路时,胡宁至今还记忆犹新。记得在购买第一块红砖的时候,胡宁就吃住在工地监督工程,根据施工图纸指导施工,在烈日炎炎下胡宁亲自背着石灰去画线。一个月下来,胡宁回到家中,没有想到自己的父母都不认识自己了。购买秸秆饲料的时候,胡宁自到田间去解说,村民们很怕挣不到钱,没有焚烧方便,又加上胡宁大学刚毕业,村民对胡宁也不太信任。但皇天不负有心人,通过多方面的努力胡宁最终完成了粗饲料的收购,通过努力,又筹集了一部分资金,购买了 50 头奶牛。奶牛进场期间,胡宁激动不已,整整两昼夜没有休息,每天只吃一顿,即使这样胡宁也很高兴,因为胡宁看到了希望和未来,实现了奶牛养殖的梦想!就这样,胡宁从 50 头奶牛开始起步,逐渐扩大奶牛养殖规模。

为了更好地发展业务, 胡宁先后创办了凤台县胡宁奶牛养殖专业合作社、安徽强农牧业有限公司。公司总投资 1000 多万元,占地面积约 80 亩,年存栏奶牛 600 头,年总产奶量 3000 多吨,提供高质量胚胎 300 枚,年生产总值 1000 多万元,利润达 200 万元。公司投入部分资金进行公司加农户模式经营,有效带动了当地 20 户农户脱贫致富,直接间接带动就业人口 80 人,增加了当地农民的收入。公司拥有 2500 亩农作物秸秆基地。并与伊利集团签订了长期的供销合同, 同时凝聚了伊利、蒙牛等国家大型奶牛业技术精华,拥有当今最先进的牧业设备、智能化管理技术和生态型粪污处理技术,并志立于发展生态农业循环经济,走立体种、养殖可持续发展之路,创建了“草(秸秆)—奶牛—粪便—沼气—电—肥—蚯蚓—有机农业”八位一体的生产模式,能够带来极大的经济效益、社会效益、生态效益。

胡宁的理想是养殖奶牛上万头,能够创立自己的奶业品牌,用牛粪制造沼气和有机肥,沼气可以烧饭、点灯、发电等,实现生态养殖种植的良性循环。胡宁还想流转几千亩土地来种植绿色农作物,改变原有的种植和生产模式,优化农作物的品质;此外,胡宁还想创建一个农民工技能培训学校, 把闲余劳动力通过劳动技能培训输送出去或者进入自己的企业工作, 这样可以使农民朋友得到双向收入,最终走向共同致富之路。

为乐趣而创业，乐在其中。吴明明的创业经历倒多了几分轻松、惬意，这也应该是20刚出头的年轻人本该具有的精神状态。做任何事情，乐趣很重要，乐趣可以让你忘掉一切烦恼，可以引领你一路向前。风雨兼程，没有苦闷，因为有乐趣支撑一切，过程中的幸福与满足只有自己才能体味的真切。

激情创业，快乐出发。

“吴明明 射击冠军创业路”

大四在校学生、省运会射击冠军、三家公司的老总，这些身份都属于同一个人，他叫吴明明，出生于1989年。从高中时，他就开始下海，卖过手机，做过家政，当过推销。如今，还未毕业的他，资产过百万，开上了轿车，买了观景洋房。

老总20刚出头

在众多青年创业事迹中，吴明明从省运会射击冠军，到三家公司老总的华丽转变，让人格外关注。当翻开他的个人简历后，跃然纸上的出生年月，更有些让人难以置信。

吴明明，1989年出生在池州市贵池区梅村镇。从小他就对枪械很感兴趣，2000年，他随家人到芜湖读初中，后在芜湖市职教中心就读。2004年，恰逢省射击队在当地招考，通过选拔，他最终入选省射击队。

“有天赋、能吃苦”，这是教练对吴明明的评价。2006年，他参加省十一运会并获得男子步枪3×20个人、团体两枚金牌，还打破了省纪录。2008年9月，吴明明成为安师大体育学院的一名学生。他坦言，自己文化成绩并不好，那年是运动训练专业首届招生，能上大学实属幸运。

大学前就已开公司

“曾经，我看过一本书《穷爸爸富爸爸》，它告诉我这样一个道理：人这一辈子在世界上只有两条路可以走，第一是就业，第二是创业。”

吴明明从骨子里就是一个不安于现状的人，同龄人还在上高中的时候，他已经边训练、边闯荡。“2007年，我辗转于深圳、广州、上海、义乌等地，卖过手机，做过家政，洗过马桶。”

由于一开始涉世未深，吃过不少苦头，最终，通过做手机外贸生意，吴明明获得了第一桶金。加上平时比赛的奖金，他有了一笔小小的积蓄，于是转而经营起钢材生意。2008年3月，在他读大学的前半年，第一家公司——明明金属材料经营部在芜湖开张了。

“我从不奢望一步登天，既然走上了创业的道路，就早已做好了打持久战的准备，并且在持久战中把握住了别人忽视的机会。”吴明明说。

能把企业办起来，必须敢于迈出第一步。很多学生在大学时都有过创业梦，可真正去实践者太少。“有梦想就要去实践！”吴明明说，这句话一直鼓励他前行，不放弃。

吴明明对公司的经营很有策略，他拿自己的“名气”给公司树信誉，“比赛夺冠后，我也算小有名气，做起生意来，容易和人打交道。”在很短的时间内，他的公司生意就越做越大，成为中国十五冶的供应商，为奇瑞厂房建设、南京华润电厂等项目提供钢材。

自学管理开酒店

进入安徽师范大学后，吴明明很快就敏锐地发现校园内的商机，经过一学期的准备，他成了驾校、通讯商、计算机培训等众多单位的高校园区总代理，还在皖南医学院新校区开了一家水果店。

2010年，他与同学合伙，在步行街开了大学生创业实践基地——味全居大酒店。

餐饮业算是吴明明误打误撞进去的，不过，一个劳动密集型产业,30多位员工的管理是个大难题。为了解决困境,他找书看,学酒店经营、人力资源管理。最终选择了"制度管理"代替"人员管理",实行一套严明的奖惩机制,这样他自己也不需要花很多时间在酒店上。

"我们都有一个经验,就是高举低打。你的理想可以很高,但是在企业操作过程中,再高远的理想,也要通过每天非常琐碎的小事运作积累起来的。"

随后,吴明明以学校为根据地,成立了一家MMC明明文化传媒公司。校园内一度出现这样的广告,"学驾驶,找明明;学电脑,找明明;做兼职,找明明;有事情,找明明"。

三家公司投入过百万

三家公司总共的投入加起来过百万,20岁出头的小伙子积攒到这么多钱,时常有人会问他,是不是"富二代"。吴明明说,开金属公司的确从家里借了几万块钱,但我不是"富二代"。

开了三家,投入百万,就不怕有风险吗?吴明明说,公司成功有时候是知识的宠儿,更多时候是风险的儿子,如果没有承担风险的能力,就会与成功绝缘。

"做得多不如做得精",有人会问他,开三家完全不同的公司,是不是难以做大做强。吴明明也想过这个问题,他说目前自己还是学生,以锻炼为主,毕业后还是想把主要精力放在传媒公司上。

成为有房有车的"钻石王老五"后,吴明明也成了同学口中调侃的"吴总"。"吴总"不仅自己开公司,也积极给同学提供勤工俭学的职位,还热心公益活动。

吴明明总结他在大学创业的经验就是务实、坚持和专注。他认为想法太多的人不适合创业,太聪明的人也不适合创业。前者不能专注,后者老想走捷径,不愿意吃苦。不善于学习的人不适合创业,做人、做事、和人沟通都是学习。

"大学生创业是真正从无到有的过程,困难是不可避免的,但乐趣也有很多。看到自己的营业执照、第一次将桌椅搬进办公室、接到第一笔订单、第一次给员工发工资……那个时候,心里的满足感和幸福感是在外面挣多少钱都得不到的。"吴明明说,创业是一个漫长、辛苦的过程,创业者必须要具备很强的心理承受能力、执行能力、演讲能力、交际能力和自我推销能力。对于在校大学生,一定要处理好学业与创业的关系。决定人与人之间成就的关键就在于如何利用业务时间。大学零散时间很多,一定要好好利用这些零散时间,千万不能因为创业而荒废了学业。大学生创业还需要锲而不舍的精神和百折不挠的勇气,往往很多客户就是看中你的坚持,才愿意跟你合作。吴明明也一直希望能对计划创业的学生说出他的感受:"阳光总在风雨后,世界只会向那些有目标和远见的人让路。"

身残志坚，感恩创业。是教育成就了夏云兴，反过来，他要用教育培训让更多的人成功成才。偶然的一次办班经历，让夏云兴深深领悟到教育之价值，教育就是助力成长成才的，就是成人之美的。

君子成人之美，自己也在这个过程中，羽化成蝶，事业的发展在最初的小小梦想中不断做大做强。心中无私，不必求天佑，夏云兴真正实践是我为人人，人人皆为我的豁达，收获的是赞美与信任、阳光与微笑。因为，教育事业是天底下最为阳光的事业，自古皆然。

“夏云兴 不断攀登“顶峰”的强人”

在安徽美术高考培训领域，“顶峰”已成为家喻户晓的品牌，但很少人知道，托起这两个字的人，是一个残疾人，他叫夏云兴。

数年来，夏云兴以常人难以想象的毅力，克服了一个又一个困难，创造了一个又一个奇迹。以芜湖顶峰美术学校为起点和平台，他创办了安徽顶峰教育投资有限公司，收购了芜湖中华职业学校，他还成功地申报了皖南艺术学校，目前已被芜湖市教育局正式批准并立项，正在积极地筹建中。人们纷纷称赞说夏云兴是安徽省民办教育界一个不断攀登“顶峰”的强人。

自强不息，实现人生第一个梦想

当一名画家，是夏云兴的梦想。1999 年，夏云兴再次参加了高考，以全省第二名的高分圆了大学梦。但为了圆大学梦，夏云兴比正常人付出了更多的努力，也多了份执着与坚持。

夏云兴出生 3 个月时，就患上了小儿麻痹症，由于左腿肌肉萎缩无法走路，他拖着一条残疾的腿，开始了漫漫的求学之路。1995 年 6 月，他以顽强的毅力和优异的成绩考上了芜湖县二中。

此后，他边上学边勤工俭学，利用课余时间画广告和肖像。具有戏剧性的是，高三那年他办了期名为流浪者画室培训班，培训 12 个学员。1998 年 7 月，他和这 12 个同学一道报考大学，结果是 12 位被培训的同学全部达线考取了大学。而他自己由于英语成绩未达线而名落孙山。通过这件事,他发现了自己的“天赋”和“价值”,1个换12个,值得! 1999年7月,他再次参加了高考,并以专业271分,即全省第二名的高分录取到安徽工程科技学院艺术设计系,终于圆了他人生的第一个梦想——走进大学殿堂。

大学四年,他的专业成绩和综合素质在班级考核中一直是名列前茅,毕业时他没有选择留校,而是决心走自主创业之路。他的理想是创办学校,从事教育行业。

身残志坚,勇敢地走自主创业之路

夏云兴一直心存感激。大学四年,他的专业成绩和综合素质在班级考核中一直是名列前茅,毕业时他没有选择留校,而是勇敢地走向社会,决心走自主创业之路。他决心要在社会这个大舞台上,发挥自己的“天赋”和“价值”,要在中国民办教育事业领域里打造一块属于自己未来的新天地。

小规模办培训班对他来说是轻车熟路的,但这不是自己追求的理想和目标。他要创办学校,要把高考美术培训作为一项教育事业来做,使之实现规模化办学和规范化培训,让更多的学生受到更好的教育。毕业后,他创办了顶峰画苑,从办高考美术培训班入手,一改传统做法,实行“1(专业课培训)+1(文化课培训)”全方位培训和全封闭式管理,把提高培训质量和赢得社会信誉放在第一位,聘用最优秀教师任教,配备专职班主任从事学生管理和服务工作。2004年高考中,夏云兴创办的首届高考美术培训班,40位学员中有30人达本科线,10人达专科线。一夜之间夏云兴也就成了芜湖市的新闻人物。

2004年3月28日,芜湖市教育局、民政局批准和成立了芜湖市顶峰美术培训中心。从此,他的高考美术培训事业迈上了规范化办学的新台阶。2006年,夏云兴又在芜湖县六郎镇购置了20亩地用于新校区建设。目前,新校区已完成建筑面积近万平方米,教学楼、公寓楼、多媒体教室、食堂等一应俱全,并配有空调、热水器等生活设施,成为全省第一所拥有自己独立校园的高考美术培训学校。2007年3月10日,芜湖市教育局又批准中心正式升格为芜湖市顶峰美术培训学校。

打造传奇,用真情圆千名学子大学梦

夏云兴靠什么力量和秘诀，能够在平凡的工作岗位创造出不平凡的工作业绩？他靠的是心中充满的理想与激情,靠的是敢想、敢干又能干的创业精神。一个受过高等教育的残疾人,他善于把自己的理想、理念、体会和社会的需求有机地结合起来。他成功的秘诀就是特色教学和人性化管理。特色就是以质量为生命,管理与教学同步。为此,他十分重视师资队伍建设,聘请各类高级人才来校讲学,目前专业课和文化课教师已有100多人,不惜代价把青年老师送到“国美”等高校培训。在狠抓专业课教学的同时,特别开设了文化课辅导中心。顶峰的特色还表现在根据考生的不同水平实行小班教学,不放弃一个差生。对特困生不仅减免学费,还免费安排住宿。学校还设立了优秀奖和进步奖,开设了美院班,可以说是真正地实行了因材施教,有针对性地进行教学,大大地提高了学习效率和教学质量。

八年多来,学校脚踏实地抓教学,一心一意为学生着想,共培训了近3600人,大专和本科专业达线率平均在95%以上,入学率达90%。每年都有许多学生考入中国美术学院、上海交大、江南大学、天津美术学院、南京艺术学院等名牌大学。“顶峰”已成为家喻户晓的品牌,成为安徽省高考美术培训界的骄傲。

顶峰的成功赢得了广大考生和家长的高度信赖和赞誉，顶峰的成功引起了媒体的高度关注和各级领导的关心与爱护。2006年,国家教育部曹殊处长、安徽省教育厅鲍勇主任一行到学校视察给予了较高的评价。芜湖市副市长詹云超和芜湖市教育局领导曾多次到顶峰学校进行考察和指导工作。顶峰学校还先后得到了中央电视台、《中国报导》杂志、《中国城市经济》杂志、《新华文献》杂志、《时代楷模》、《理论学习》、《安徽经济报》、芜湖电视台、《芜湖日报》、《大江晚报》等多家中央、省、市新闻媒体的报导和广泛关注。

面对荣誉、赞誉和领导的鼓励,夏云兴心中非常清楚,顶峰之船刚刚起航,顶峰教育还有很长的路要走!

开拓创新，为民办教育事业不断攀登顶峰

面对顶峰美术培训所取得的成绩，夏云兴既没有陶醉，也没有骄傲。他不断地告诫自己和他的团队：这仅仅是万里长征迈开的第一步，顶峰要实现做大做强的目标，就必须在观念上进一步更新，要抓住一切可以抓住的机遇，尽快上规模、上层次把顶峰教育打造成安徽民办教育界的精品。

2011年7月，芜湖县六郎镇党委批准和同意在顶峰教育集团设置中国共产党基层党组织。通过对国家"十二五"教育发展纲要的学习，针对安徽省建立合芜蚌综改试验区的改革，针对芜湖市中职人才的缺乏，夏云兴敏感地意识到，一定要抢抓机遇，乘势而上。为此，他向芜湖市教育局申报了三年制中专学历制教育办学资质，即皖南艺术学校，现已被教育局正式批准在芜湖市职教园里征地100亩。同时，夏云兴又积极创造条件，克服一切困难，成功申报及成立了安徽顶峰教育投资有限公司，他要搭建一个更大的平台，要在更大范围和更高层次上开创教育投资和文化产业。近日，他又成功地收购了中华职业学校，把他的创业计划大大地提前了一步，得到了市领导和市教育局以及芜湖市中华职教社的充分认可和支持。他决心以此为平台和契机，在今后创业的道路上，大力弘扬中华职业学校这一传统品牌优势，结合顶峰教育理念和特色，把学历教育、培训教育和文化产业开发三者紧密地结合起来，坚持不懈地攀登中国民办教育的顶峰。

这是到目前为止，唯一一个从事旅游创业的，正所谓靠山吃山，靠水吃水，造化钟灵，早已为我们提供了丰富的资源。不是只有在土地上刨才是扎根基层，开发景区、发展旅游业同样是扎根基层，并且这个基层扎得层次更高，技术含量更大。

旅游业的庞大、根深，估计只有真正深入进去的人才会真正明了，能做的事很多，可发掘的空间很大，既然出手了，就要手到擒来。

万宝磊 与风景“谈情说爱”的人

一个皮肤黝黑、笑起来憨厚和气的胖子，这是万宝磊给人的第一印象。虽然他一直声称自己是个沉默而木讷的人，但谈及工作时那滔滔不绝的口才、清晰而缜密的思路却暴露了他的“本质”。

2001年，23岁的万宝磊从安徽师范大学旅游管理专业毕业后，到合肥市某区旅游局下属旅游公司工作，月薪600元。干了半年之后，不安分的他在朋友的鼓动下辞职加入了外地的一家旅行社，做起了导游。在旅行社的两年，万宝磊做得很爽，挣到了钱，也积累了大量一线的工作经验，科班出身的他逐渐将工作实践与大学里学到的理论结合了起来，个人素质提高很快，收获颇丰。2003年8月，“非典”爆发，全国的旅游业进入了萧条期，几乎所有的导游都“下岗”，万宝磊也在此时回到合肥。由于理论扎实、工作能力也强，他很快被召集到六安天堂寨景区担任营销部副职，2004年至2006年这两年的时间，他奔走于南京、武汉等省外城市，调查行情、开拓市场、建立旅游线路，同时也开始学着从一个领导者的高度去审视和思索一些问题，心中一些属于自己的理论性的思想逐渐萌芽。在他的努力下，天堂寨景区省外市场得以开拓和稳固，景区的年收入从2004年的100万上升到了现在的1000万。

2007年初，一次偶然的机会，万宝磊遇见了安徽佳胜集团的总经理方家胜，两人聊起佳胜集团正在投资开发的红石谷旅游景区。万宝磊分析说，自2003年“非典”后，景区市场营销逐渐进入了主动营销推广高潮期，众多景区开始从被动营销转向主动营销，盆景类景区无法长久地吸引回头客，在一定程度上抑制了游客进入的积极性，天然、生态类型景区的优越性此时被完全释放，逐渐演化成为旅游市场竞争中的主力军。打造人性化的生态景区是旅游业发展的趋势，也符合现代人的旅游需求。他的思路与方家胜的想法一拍即合，两人谈得颇为投机，而万宝磊谋划的“资源产品化、产品产业化”的局面更是让对方赞叹不已，多次邀请万宝磊帮他全权打理景区的开发与营销。随后的几个月里，万宝磊整天在景区里转悠，用心观察、感悟和思考，对区里的一砖一石、一草一木都了然于胸，“就像和恋人谈情说爱一样，你要用大量的时间去接触她、感受她、了解她，发掘出她的优点，发现她的美，只有这样才能做好景区的开发和营销。”万宝磊暧昧地说。经过产品策划和开发，红石谷主题景区被分为红石谷国家地质公园、将军湖(响洪甸水库)以及中国十大名茶六安瓜片原产地生态观光园三大板块，景区面积237.05平方千米。2007年5月2日，红石谷园区启动了揭牌暨试开园仪式，当日便创造了万人客流人次的纪录，万宝磊也因此在圈内名声大震，有不少公司开出了8万到15万的年薪邀请他加盟，可他却选择了蛰伏。

2007年岁末，适逢百年一遇的雪灾，万宝磊在六安老家并没有闲着，他沉下心来，对自己从业6年来的经历进行了反思与归纳，提炼出在大量的工作实践中总结出来的经验和理论，并逐条整理成型。从理论到实践再回归理论，万宝磊完成了由量变向质变的飞跃，当他再度出山的时候，心中已经萌生了成立自己公司的想法与信心。2008年6月20日，在众多圈内好友的支持与帮助下，瑞成和旅游营销策划管理咨询有限公司正式成立了。名号来源于一次朋友聚会时的“头脑风暴”，推杯换盏之际灵感突至，“瑞”意味着“祥瑞”，“成”自然代表“成功”，“和”则寓意“和气生财”。对此，万宝磊自己颇为满意。如今，公司业务涉及景区的开发、策划、推广、管理、咨询等多个领域，目前全权代理了省内2个4A级景区和1个3A级景区。“暂时没有扩大经营规模的打算，希望把事情做好做精，不喜欢好高骛远。”万宝磊说。

返乡创业典型

沈庆伟的创业之路走得有些凶险，跑船事实上是拿命在玩，但是玩命是在特定时期唯一能做的最好的选择。只要命还在，就玩得起，就要继续玩下去。

没有人在创业的一棵树上吊死，那样的话真的就会死掉。当事业积累到一定程度必然要求转型，转移重心，开拓新的发展空间。商人从来都是想在最前面的，看得越远，越容易刹得住车，越容易把控方向。沈庆伟在创业成功的时候，已然完成了角色的转换，从事必躬亲的带头

“沈庆伟 超越江湖传奇”

关于人生的感慨，安徽远航电缆集团董事长沈庆伟有着不一样的体会，37 岁的他的发展经历会告诉你一个别样的传奇人生。

艰苦岁月

1974 年，沈庆伟出生在郎溪县一个普通的农村。“那时家里很穷，连 3 元钱的学费都没有，上学要去借钱，甚至还要卖鸡蛋和下蛋的鸡。”1991 年，沈庆伟初中毕业，家里用多年的积蓄买了一条载重 25 吨的小水泥船，沈庆伟自小就很能吃苦，十几岁就开始和比大他 4 岁哥哥和一起跑运输。“船的动力就是做拖拉机头的柴油机，我们不会开船，又请不起师傅，只能边学边开。当时我们做的是郎溪往南京运黄沙，一个星期来回一趟。一般一趟可赚 80—100 元，一年赚三四千元。”但是，遇到行情不好，他们有时一年到头赚不到钱。

从郎溪到南京，必须要经过郎溪的南漪湖和溧水县的石臼湖，开船过湖是最危险的，要等风平浪静才行。“一般来说，早上风浪小，我们开始起航过湖，要到中午才能通过。因为我们的船小，没有任何的防护风浪的措施，所以抗风险能力差。每次遇到大风大浪，我们都怕得不得了。大浪打进船里，沙就随着水滑到一边，船就会侧歪，如果经不住三次浪打，就非常危险，有翻船的可能。当时在南漪湖和石臼湖，船被风浪打翻是常有的事。”

“由于对风浪的恐惧，那时，我们经常做噩梦，总是梦见船跑了或翻了。在船上，我们烧的是煤球炉，由于船上没有高压锅，风大的时候，饭经常是做不熟的；下雨了，炉子会灭掉。没有饭吃和被子被淋湿很正常。”

沈庆伟说，在最低落的时候，他常唱《水手》来鼓励自己：他说风雨中，这点痛算什么，擦干泪，不要怕，至少我们还有梦……

水上传奇

那时候，水路的治安并不是很好，常有歹徒出没。他们神出鬼没，他们一般是七八个人，开着快艇，到船上抢钱、砍人。在水上遇到歹徒的风险比陆上大得多，人被杀，船被搞沉，真的是了无痕迹，无人知晓，很难去查证和破案。遇到歹徒，即使打110，警察也没有陆上来得快，当警察到来时，其实一切都结束了。我们在船上睡觉都是枕着砍刀，其实我们是不敢和江匪动手的，只是为了给自己壮胆而已。为了显示自己的成熟，沈庆伟故意蓄胡须和晒黑自己，使自己显得更有野性和力量，为的是吓住江匪。因为，在四面朝水、通讯不是很发达的年代，没有人能帮得了他们。

若不幸遇到歹徒，就要与他们周旋。周旋靠的是智慧、血性、勇气和义气还有实力，更要把握好度。爽快给钱，他们会以为你很有钱，反而危险更大；死硬到底，激怒了歹徒，结果可能更惨。“那时，母亲经常对我们说，我不求你们挣钱，只求你们能平安回来。”

在那几年，沈庆伟至少五次遇到歹徒打劫，但每次他都能凭借勇气和智慧化险为夷。第一次遇到歹徒抢钱，沈庆伟表现出的镇静与勇气让歹徒都感到震撼。“我和你们一样是穷苦孩子出身，为了生活才不得不跑水运，我没有钱，大家都给对方一条生路，鱼死网破对谁都没有好处……”据说，当时，在歹徒中都传说沈庆伟是不一般的“英雄少年”。

几年的跑船历练，极大锻炼了沈庆伟的勇气和能力，也为他以后的创业打下了基础。

干到一个舵手，逐步把握着全局，放眼长远，走上了规模化、集团化的路子。

企业发展离不开社会，社会方方面面好了，企业自然如火如荼。沈庆伟的价值观将指导他的集团乘风破浪，直挂云帆济沧海。

历经磨难

世上有三苦:撑船、打铁、磨豆腐。沈庆伟说,我尝过了第一种。苦,沈庆伟不怕,但是,磨难并没有因为他的不害怕而绕道。

“我看到过我们跑船的同行,在大风浪中两船交会时,船夫为了用脚蹬开靠近的船,而腿被船生生地挤断;在风浪中船翻了,船夫被淹死;船老板被歹徒谋害……这些,在岸上的人根本是无法体会的。”

1997年以后,沈庆伟做水泥生意,结果亏了。“那时候做水泥,都是先送水泥给建筑商,等他们建好房子卖了以后再给钱。后来,老板亏损,他们的房子卖不掉,我的水泥钱就收不回来。最困难的时候,我有3万元收不回来,这直接导致我破产了。那是我人生最困难、最低潮的时候。”2000年,最亲的人也与沈庆伟“相忘于江湖”。

“2001年,母亲帮我带孩子,我出去打工,到常州的码头做搬运工,尽管很辛苦、很脏,但一个月只有千把块钱。干了两个月,这点钱除了给孩子的奶粉钱,所剩无几。虽然难,虽然苦,我还是决定回家干自己的老本行,只有这样才能找到出路。于是,我借款几万块钱,买了一条小船继续跑运输。那时,我不再做水泥,而是运黄沙。我开始思考,我送黄沙,不再经过贩子,而是直接送给工地,这样省去了中间环节,和别人竞争就有很大的价格优势和质量保证,也就能多争取一些客户,并和他们建立长期而稳定的关系,赚得就多一些。”经过这一段时间的努力,沈庆伟的事业逐步进入了快速发展期,也为其后的发展奠定了基础。

运输老大

为了共同的利益,大家要抱团发展,这是许多跑船户的想法。为了让这一想法实现,沈庆伟把大家组织起来,也正是因为沈庆伟平时为人真诚、义气,且有大局观,大家都愿跟着他干。那时,沈庆伟带领着一个不小的船队,他也被大家称作“船王”。“我们正赶上了一个好时代，在城市房地产的发展和基础建设的带动下，黄沙成了最必不可少的建材。因此，我们生意也特别好。”

因为船队的运沙量很大，工地上也经常堆不下货，为了解决这一难题，也为了更好地发展，2003 年起，沈庆伟在宜兴租了一个码头。“有了自己的码头，我们就有了优势，我们自己人挖沙、自己的船在长江运输，经过自己的码头，再用自己的车子送到工地，我们的价格有优势——别人做的是零售，我们做的就是批发，没有任何中间环节，所以我们的竞争力强。”仅仅一年的工夫，沈庆伟就把码头做成了当地最大的码头，他成了当地大名鼎鼎的“沙王”和“码头王”。

到 2005 年，沈庆伟已经积累了数千万的资产。

企业标杆

“我的性格是要做就做最好。做企业就要高标准、高起点，做标杆企业！”沈庆伟是这样说的，也是这样做的，他用他的生态园、电缆厂、房地产等这些产业的发展实践着这他的承诺。

在宜兴，沈庆伟不光有自己的宜兴最大黄沙交易市场，他还开发了一个占地两三百亩的宜兴幸福生态园，他近期的目标是把生态园的规模扩大到 1000 亩。正是因为沈庆伟的生态园的成功发展，宜兴市政府正准备以这个生态园为基础，向周围扩散发展打造一个以“宜兴幸福生态园”为核心的绿色生态旅游、观光园区。

2009 年，在家乡郎溪政府招商引资的号召下，他毅然返乡投资，回报家乡人民，成立安徽远航特种电缆有限公司，公司占地 108 亩，投资达 1.6 亿，预计今年投产。现在，沈庆伟在建的厂房是郎溪最高标准的厂房——尽管建厂房的成本比普通厂房成本高出一倍。现在的厂房 200 米长，占地 20 亩。不久以后，沈庆伟还要再建一个占地 40 亩的更高标准的厂房。

郎溪开发区是一个刚刚起步的省级开发区，2010 年，沈庆伟做出了大胆决策，投资成立郎溪安泰建筑商品房屋开发有限公司，吸纳很多工程技术及房地产开发人才，选择优质的施工管理队伍和著名设计院设计出现代风格建筑，兴建了 8 万平方米的安泰月亮湾，小区集住宅、购物、休闲、娱乐、餐饮等功能为一体商住综合体小区。正因为高标准的要求，产出高质量的精品，2010 年 12 月 16 日开盘当天，虽然只有 200 套房子可售，可是来买房的有 400 多人，上演了难以复制的房产销售场面。

企业的发展最终走上规模化、集团化，做到资源共享，做大做强，这是沈庆伟企业发展的新路子。2011 年上半年,他又先后成立了安徽群馨物业及安徽郎川传媒，11 月，公司实现了跨越式发展的重要一步——注册资金近 1 个亿,成立安徽远航集团。

现在，沈庆伟已拥有 6 家企业。3 年冲市，5 年以内必须上市！这是沈庆伟的目标，“现在,我们就在用上市的标准要求企业员工和自己。”

人生价值

当一步步走向成功以后，沈庆伟却迷惑了。“没有钱的时候，挣钱是我的目标和动力。挣到钱，我失去了方向，有半年的时间，我不知自己的定位。”这期间，沈庆伟研究了徽商、浙商、晋商、苏商的精神内涵。最终，他明白：挣钱不是目标，最终是把企业做大做强，为社会做更大的贡献，遵从一些普世的规则，为企业带来良好的宏观商业环境、给消费者带来福祉、为合作伙伴带来价值和利润、为员工带来成长，也就最大化地实现了自己的价值。

单浩东 创业日子勇往直前

举手投足间透出一种自然而然的潇洒,手腕上戴了一串佛珠,爱笑着说话,这是安徽昊东食品有限公司总经理单浩东留给记者的第一印象。深入交谈后,你会发现面前的这个人像他手机的来电铃声《拉德斯基进行曲》一样,充满了昂扬的斗志,而且很是健谈。

交谈中,你总能听到面前这个有点壮的汉子爽朗的笑声,爱笑的他总会把你感染,不知不觉会被他的精彩演讲所折服,这或许是记了20年日记的缘故,他能出口成章,喜欢订阅《南方周末》和《参考消息》的他,说起话来可谓是头头是道。对于关系国计民生的政治事件也有一番独到的见解,让你有一刹那的恍惚,坐在你面前的不是商人,而是政治家,写政论是他日记的主要内容。

13年的军旅生涯使他完全有资本说不管是什么样的困难与痛苦都是"曾经沧海难为水,除却巫山不是云"了。对于在部队里磨炼了13年的单浩东来说,创业的路上困难已是"千磨万击还坚劲,任尔东西南北风"的洒脱了。大智若愚的他很是谦虚,总说"自己其实很笨的"。但正是这个自称很笨的人,却在刚开始的一年内创造了产值2000多万元的"神话"。

军旅生涯青葱岁月

17岁就参军的单浩东,在部队里一待就是13年,可以说把自己人生最宝贵的青春岁月都献给了军队。但单浩东并不后悔,每每

其实我很笨,但我很真诚。这才是真正的大智若愚。

单浩东最要感谢的就是在部队的日子。军旅生涯让他成长,让他学会做人、做事,部队就是他真正汲取营养的大学校。退役创业依然是跟部队有关,极少有一个创业者在创业的一刻是灵光一现、瞬间领悟的,由此可以看出创业与生活经历是息息相关的,也只有这样才更加真实,才有源可溯,有本可求。

谈及自己的军旅生涯,他都是满脸的自豪与骄傲。

林志颖在他的《17 岁的雨季》里唱道,17 岁那年的雨季,我们有共同的期许。但对于 17 岁的单浩东来说却不是如此。1993 年,单浩东 17 岁,那时他正在读初中,但因为家庭困难,父母实在供不起四个孩子上学。在家排行老二的单浩东为了减轻家庭负担,初中还没有上完便去参军了。在那个年代,当兵还是很难的,但当兵对于农村的孩子来说又是唯一的出路。第一年没有被选上的单浩东只好在蚌埠军分区做预备役,一年后终于如愿以偿地去了南京军区空军船运大队,穿上军装,正式开始了军旅生涯。

在军队的日子无疑是苦的,单浩东现在依然清晰地记得那时的时间表。在酷暑难耐的 8 月,一大早就要起来跑 10 公里,洗漱是 10 分钟,回来后 15 分钟的吃饭时间,然后再休息 20 分钟左右,中午 20 分钟左右的吃饭时间,这么短的吃饭时间对于他们一群壮汉来说根本不够。"中午的吃饭时间太短了,我和战友经常还没有吃好,时间就到了,于是经常会有战友把馒头装在口袋里,然后偷偷地吃。"单浩东回忆那时的岁月时说。中午吃完饭正是一天中最炎热的时间,但单浩东和他的战友们却要在太阳底下站军姿,至少要站一个小时。"我们那时的口号是'站一小时不倒,坐两小时不动'。"单浩东爽朗的笑声在咖啡屋里回荡。

1997年至 1999 年,他在空军后勤学院(现为空军学院)上了两年学。直到 2006 年退役,他一直都在部队里服役。

创业日子勇往直前

2006 年,30 岁的单浩东拿着部队给的 10.5 万元钱退役了。要想用部队的退役费在江苏省南京市买一套房子无疑是很困难的,那时单浩东就面临着赚钱养活家庭的难题。

单浩东告诉记者,从部队退役后有两种选择:一种是等着地方政府安排,但地方安排工作一般都比较难;一种是自己谋出路。单浩东选择了后者,开起了面包房,走上了自主创业的道路。之所以选择开面包房是因为单浩东以前在部队就是做采购工作的,在采购中他发现战友由于长时间吃馒头已经厌烦了,他们对面包很是喜欢，而且做面包会有好的收益。对于风风火火的单浩东来说，他在两年内便开在南京市开了 29 家面包连锁店。“那时南京的大部分中型超市有我的面包房。”单浩东一脸自豪地回忆起当时的情景。但是后来南京市大型超市特别是外资超市把中小超市都挤垮了，单浩东的生意自然不能做了。此时，单浩东又走到了人生的十字路口。面对这些，他没有气馁，部队的生涯告诉他只要有目标，并且坚持下去，就没有做不到的事情。他于是便另谋出路，但一样是风生水起的。

面包房关门后，单浩东依然和面包打交道，这次是生产做面包的原料，做起了肉松生意。“在做面包时，生产面包的原料质量总是不稳定，这让我明白食品行业是一个良心的行业，质量很重要。”单浩东很认真地告诉记者，“所以必须要自己开厂，才能保证质量。”2009 年底，单浩东回到合肥市，在合肥市注册成立安徽昊东食品有限公司，虽然是新开张，但是在一年之内，单浩东便把肉松做到了产值 2000 多万元。

那么单浩东是怎样做到在一年之内就可以做到 2000 万的元产值呢？单浩东认为，有两点很重要：一是不要强求太高的利润，一是把客户当朋友。“世界上所有的问题都是人和人的问题，人与人之间的真诚很重要。”

目前才开张一年半的安徽昊东食品有限公司在全国各地已有 300 多个代理商。对未来几年的规划，单浩东的目标是让全国 700 个地级市都有自己的代理商，把公司盈利的 60%都捐给社会。

开朗豁达　宁静致远

“拿得起，放得下，耐得住寂寞，经得住诱惑”是单浩东前不久去台湾时一位佛家大师送给他的话。单浩东很推崇这句话，在他看来，这句话道出了人生的真谛，教人做人处世的道理之外，还教人有一个好的心态去面对人生的沉与浮。

正如佛家所说的一样，单浩东有时就是这样做得。当他心烦需要倾诉时，他便会写日记。日记是他当兵后养成的习惯，一直坚持到现在。而每当他心浮气躁时会关上手机，把自己锁在办公室里，拿起毛笔练两个小时的字。“练字能让人心平气和，当你真正进入书法时会达到物我两忘的境界。”现在，坚信宁静方能致远的他只要在家里，就每天都练两小时的字。“以前没有条件时是在报纸上练字，现在有了条件则是在宣纸上练字了。”单浩东满足地说。

在和单浩东的聊天你会发现，豁达的单浩东做出过许多特豁达的事：他因崇拜毛泽东而在接近 30 岁时把自己原来的名字“单乃飞”改成了今天的“单浩东”；因为非常推崇朱德总司令的宽厚仁慈、淡泊名利、与世不争的高风亮节的品质，他特意把他的一个肉松产品命名为“朱司令”；在退役的前一年完成了终身大事，29 岁的单浩东和他的妻子上午认识，下午便求婚，晚上妻子就答应了他，29 天后，他们结婚……

单浩东说，他的做事做人的准则是“对上以敬，对下以慈；对事以真，对人以诚”。单浩东是这么说的，也是这么做的。单浩东有很多的朋友，和许多领导的关系也很好。和他交往过的人都很喜欢他。和朋友交往很真诚，不要滑头，“其实我很笨的，但我知道人与人之间的交往贵在真诚”这便是单浩东的交友秘诀。

文亮 我的青春“创”做主

作为安徽省第二届青年创业大赛的冠军得主，“创” 字是文亮青春的主旋律。这些年来，他创办企业、创新品牌、创办基地、创办园区……因为“创”字，他不仅丰富了青春的内涵，更成就了自己的精彩。

创办企业

1996年，刚刚走出校门的文亮被分配到霍山县人民政府下属事业单位工作。在10年后，2006年3月，文亮毅然辞去了南岳山庄宾馆总经理职务，开始了第一次创业，在霍山创办霍山盛世广告传播有限公司。2009年3月，文亮在省城合肥成立了安徽天然文化传媒有限公司。2009年12月，文亮成立霍山抱儿钟秀茶业有限公司，公司产品为中国500强大会指定用茶，北京、上海农交会指定礼品赞助商，公司自主研发的竹凝香茶自动连续化制作工艺已通过省级科技成果鉴定。2011年12月，在首届安徽品牌文化节上，“抱儿钟秀”品牌被省工商行政管理局、省质量技术监督局、省商务厅等七部门联合授予“安徽省十大领袖品牌”称号。 5年来，文亮先后创办3家企业，共安置大、中专毕业生和社会青年90多人就业，支付工资800多万元，上缴利税200多万元。在一系列创业过程中，文亮始终把事业与青年人就业放在一起，鼓励他们把公司当作自己创业的舞台，发挥自身潜力，贡献最大力量。

“幸福的生活哪里来，要靠劳动来创造”，儿歌是这么唱的。对于创业者来说，创业就意味着不断开创、不断劳动、不断付出，一旦中止，事业就宣告完结。

文亮的创业之路是丰富多元的，从其轨迹来看就像是摸着石头过河。但是可以肯定的是，任何时候，他都没有放慢向前走的脚步。这个时候，咱就挨一个，一定要找到路径，找到缺口。他的基点最终落在了茶，这个神奇的东方树叶上，一发不可收拾。

创品牌，建基地，办园区，文亮实践着的他的三级跳，这是个有远见、有胸怀、有涵养的创业达人,他立足茶园做好茶文章,并迅速带动周边,发展衍生产业,逐渐羽翼丰满。潜力在一点点开挖、爆发。

创新品牌

作为历史名茶,黄茶三大品牌之一的霍山黄芽久负盛名,文亮关注许久。在经过多方调研和思考,2010年,文亮毅然拿出全部积累,进行第二次创业,创办"霍山抱儿钟秀茶业有限公司",着手打造霍山黄芽顶级品牌。"抱儿钟秀"是霍山历史上有记载的最古老的茶叶品牌,它和当年茅台一样,在1915年巴拿马万国博览会上获得金奖,文亮决定启用"抱儿钟秀"这一品牌来完成霍山黄芽顶级品牌打造,重振霍山黄芽贡茶雄风。公司成立后,文亮率领一帮团队,到北京、上海、南京、深圳、厦门、香港等地,了解茶叶市场,实施包装研发,遍访制茶名师、专家教授,并聘请霍山黄芽非物质文化遗产传承人衡永志为企业独家技术顾问。之后,公司先后推出霍山黄芽高端产品2大系列(抱儿钟秀系列、金竹坪系列)10大品种,在省会合肥开办茶艺馆2家、专卖店3家。现在,公司产品已进入沃尔玛、家乐福、乐购、合肥百大、合家福、百盛、乐普生、易初莲花等58家大型超市,销售形势喜人。

创办基地

文亮说:"茶园基地发展,是茶叶产品的上游。要想制出优质名茶,在核心产地拥有一流的高山有机茶园是基础中的基础。"为了创办茶叶基地,仅2010年一年时间,文亮就来回霍山黄芽主产地之一金竹坪近50余次,每次从合肥去一个来回就要8个小时。最终,在县政府、乡政府支持下,双金有机茶农民合作社成立了,合作社组织了330名茶农,使当地2200亩茶园实现了统一培训、统一管理、统一采摘,统一加工销售。2010年年底,占地10亩的黄芽自动化标准化加工厂终于建成。看着茶叶机械终于可以生产出优质的霍山黄芽茶时,文亮长松了一口气。

2011年一开春,抱儿钟秀公司就安排茶叶技术人员深入到合作社现场为茶农举办种茶、采茶技术培训班,帮助茶农提升茶叶综合效益。2011年下半年,公司安排多名茶叶大户和青年制茶带头人赴河南信阳、金寨、霍山本地优质茶园学习取经，回来后，公司牵头组织积极性较高的茶农在金竹坪村又新辟优质茶园500亩、在白云庵村新辟茶园400亩，帮助茶农在更高层次、更大范围内实施跳跃式发展。据了解，仅2011年春茶一项，抱儿钟秀公司就多支出70余万元，以保护价收购当地茶叶，提高茶农积极性。

创办园区

2011年底，经过一系列的外出考察论证，文亮决定联合三家实力较强的投资公司共同在霍山城区建设"霍山抱儿钟秀茶生态文化产业园"项目。项目坐落在幽芳谷旅游度假区内，距霍山高速公路连接线1500米。该项目占地300亩，由五个板块组成：一是参观区，包括茶博馆、茶艺馆；二是加工区，包括抱儿钟秀名优茶精制厂；三是旅游度假区，包括度假酒店、五星级会员农庄等；四是研发服务区；五是观光区。项目建设目标是以乡村生态茶文化旅游为切入点，将景区打造成国内集茶文化博览、住宿、休闲、餐饮、度假于一体的知名精品乡村旅游区。

对产业园，文亮有着清晰的目标：打造名牌，推广品牌。"我们通过3至5年的努力，将抱儿钟秀打造成国内名牌、全国驰名商标，挤进国家礼宾茶行列，再现当年贡茶辉煌；服务山区农业，带动茶农增收。通过项目的实施，品牌的推广，附加值的提高，使茶农的收入增加30—50%；通过弘扬茶文化，将茶产业园建设成为全国重点茶文化旅游目的地、全省青少年科普教育基地、爱国主义教育基地和茶文化特色旅游景点。"

青年初次创业者，因为是空白，才好动手，才容易著成文章，著成好文章。

青年创业的另一个先天优势是拷贝、复制成功典型，继承发扬青年的一些优势，比纯粹地摸着石头过河那要强上百倍、上千倍，毕竟有章可循，有矩可蹈。朱敏选择食用菌种植即是如此。

当然，青年创业在初始阶段也是最难的，观念上的空白，产品上的不易等都是考验，但是哪有创业不难的？创业无难事，那是因为只怕有心人。

“朱敏 食用菌里的大生意”

大学毕业以后，朱敏一直在合肥市的超市从事管理工作，“管别人的生意也是管，为什么不管自己的生意呢？”2008年，她返回家乡五河县时，偶然的创业想法开始形成清晰的思路。

“木耳、蘑菇、金针菇等食用菌类因营养价值高、价格低，被越来越多的人接受，市场需求逐年增加。食用菌种植技术已相当成熟，但淮河流域却一直是食用菌种植的盲点，极少量的零星种植远不能满足当地的市场需求。”朱敏分析说，淮河流域四季分明，有丰富的人工林木资源，传统农业根深蒂固，农副产业极不发达，这些都为食用菌种植形成产业化提供了先天条件。

选好了项目，认准了前景，朱敏决心从小小的食用菌里做出大生意。在团五河县委的帮助下，朱敏从中小企业信用担保中心贷得70万元，获得了企业的第一笔启动资金。2008年4月，创立了安徽省佳食乐食品加工有限公司。之后，她利用多年超市管理工作中积累的人脉和经验，奔走于南京、天津、上海等地找寻市场、吸纳外资。当年6月，与天津名家工贸集团公司签订合作协议，成功引资600万元，并与天津市家乐福、乐购等28家大型超市洽谈，建立了袋装干制品食用菌及调味品销售渠道。

2009年是发展最为困难的一年，技术开发、技术转化投入较大，占据了企业的大部分资金，上半年进驻五河县城南工业园区，公司占地15亩，要建3000平方米的加工车间、1500平方米的办公楼、实验室，购买生产加工设备，一度出现资金短缺。朱敏制订了详细的企业发展规划报告,寻求政府支持。团五河县委积极奔走于县政府和县财政局之间,为其寻求资金帮助,最终再次融资210万元,帮企业渡过了难关。经过半年的技术转化磨合期,2009年末,企业生产的袖珍菇、黑木耳等产品全部通过质量技术检查,并通过QS及ISO9000质量管理体系认证,为产品进入市场铺平了道路。

2010年,企业进入快速发展期,在朱敏的带领下,公司筹建了食用菌种植示范基地和培训基地,员工人数发展到45人,其中大专文化以上13人,生产规模扩展到200亩,实现年产黑木耳7.5万公斤、袖珍菇2.5万公斤、金针菇2.5万公斤,年销售收入1760万元,年利润205万元。

此时,团五河县委再次为朱敏指明了发展方向,引导其成立了食用菌农民合作社,以此为平台,发挥产学研技术优势,为更多的农民传授食用菌种植技术。目前已向农户举办了五期食用菌种植技术培训班,参培农民1500人次,形成了食用菌种植产业化的第一批生力军。当年就与180户农户签订了购销合同,订单种植,定价收购,实现农户人均年收入1.6万元。

"我们要坚持'企业+基地+农户'的发展模式,加大技术培训规模,扩展食用菌种植面积,增强企业辐射带动力,建立研发、种植、销售子公司,使企业规范化。"谈及未来,朱敏说,"5年后,我们要把企业建设成淮河流域规模最大的食用菌种植企业,使农户人均收入翻两番,全面开发全国性农产品市场,带领更多的农户走新型农业产业化道路。"

更生，如他的名字一样，不断尝试，反复实践，一次又一次实现着生命的升级换代。

一次创业不成便死了，这叫蜻蜓点水、出师未捷。千百次创业死了，那是绝唱。不经历死，哪得重生？没有不劳而获的蜜糖。历经生死劫，方得日月明。

坚持，还是坚持，坚持到快要窒息的那一刻，生命之花或将绽放出最美的芬芳。真创业者，永不放弃。

“刘更生 四次创业演绎“励志大片””

“创业是一个很沉重的脚步，你稍有点不小心，就会跌倒。有人跌倒一千次仍够坚持站起来，但是有人跌倒一次就永远都站不起来。这就是人的本性问题吧！”

“失败对创业者来说是一笔财富，只有小的失败才能积累大的成功。”

这是刘更生经历四次创业后的感受。

现年36岁的刘更生，出生于池州。2008年，他在家乡成立公司，如今固定资产达8000万，年销售额近亿元。他的成功源于20年的坚持。从1992年至今，他创业四次，开过理发店，做过饭店生意，还在杭州的小作坊当过打工仔……

首次创业——理发店倒闭欠债3万

刘更生出生在池州的一个小村庄，初中的时候因家庭贫困辍学到港口做装运工，当时，他15岁，幼小的身躯每天承受着繁重的劳作，白天他在搬运矿石，晚上，他喜欢看书。

“我记得当时看的是《钢铁是怎样炼成的》，还有其他一些讲述成功人士的创业故事，我就有了创业的念头。我琢磨着学门手艺。在那个年代，只要有手艺，走哪都吃香。”

1992年，刘更生在市里跟师傅学了一年的理发，学成之后他用自己的所有积蓄在镇上开了家理发店，当时选址也很有讲究，他特意选在人流量大的火车站。他告诉记者,在那个时候,好多打工的人回家就会去理发,要打扮得体面。

开店期间,由于火车 24 小时运送旅客,他便起早贪黑,吃住都在店里。然而最终店铺却无奈关门,这不仅有火车站迁址的客观原因,还有他本身没有开店经验,经营不善的因素。店关了之后,他一无所有,不仅花去自己所有的积蓄,还欠下 3 万元的债务。

刘更生告诉记者,虽然我在创业时一直在强调规避失败,但是如果因此而使创业之途畏首畏尾, 踌躇不前, 并不是我愿意看见的。失败并不可怕,即便是世界上最成功的公司,也几乎无一例外要经历不可承受的创业磨难。创业失败不是最后一刻发生的,失败的定时炸弹在每个创业项目中都时刻存在。但是, 在创业的道路上,失败、挫折和磨炼是实现理想的垫脚石,更是加速成长的催化剂。所以,找准方向,仔细规划,努力实践,用心去飞!

二次创业——新开饭馆门可罗雀

在刘更生看来,创业有成功有失败,失败不可怕,只要不失志,也许有一天当你积累了更多的资金、丰富的人脉,并充分提升自己的能力后还会重新来过。失败有很多种原因,成功却是永不放弃的信念。不必后悔,毕竟这种经历也是种财富,使生命里有了更多精彩。

在经过短暂的停滞后,1995 年, 刘更生跟随亲戚学起了装修。尽管他并不喜欢这个行业,但是,他要还债,还要生存。装修工作也让他的生活好起来。他用了 3 年的时间把债务还清,自己还积攒了 2 万元。 1998 年,他开始了二次创业——开饭店。

然而这一次,他又失败了。正如他所说,“过程是艰辛的,结果是痛苦的”。谈到为什么二次创业失败,刘更生说:“我当时是新开的饭店,没多少人光顾,大家都往老饭店跑,人情是主要原因。”

第二次的失败让他回到了 10 年前,刘更生变得一无所有。他不但没有放弃,反而更加坚定。

创业也就是成长、成熟的过程。刘更生说,两次创业,都因一些原因而失败,最后发现创业不单单掌握技术就能成功的,其中非常重要的是很多非技术原因，比如情商、资金等等。虽然两次失败，但是我觉得两次创业让我成长成熟了许多。

三次创业——从“吸金”到办厂

在经历创业过程中最痛苦的时刻，挺住、挺住、挺住！一切都将成为过去。当多少年后回首，没有刻骨铭心的痛，创业将是多么平淡无味；创业犹如炼狱，不经历失败的历练，创业者怎能够百炼成钢?!

正是因为这种豁达与不放弃的精神，让刘更生有勇气开始他的第三次创业。

1999年，他了解到在温岭做鞋的个体小作坊很多，那里有适合创业的大环境。于是，他独自前往浙江并进入一个鞋厂，从最底层的打工仔做起，他逐渐掌握了制鞋的所有流程。由于前两次的失败经历，他认识到自己不善管理，于是他开始学习管理方面的知识。从小组长做起，慢慢地做到车间主管。

在鞋厂锻炼了一段时间，在积累一定经验的基础上，刘更生开始了第三次创业。2001年，他拿出所有积蓄和从亲戚朋友处借来的钱，自购机器设备创办高频印花厂，从事鞋类的印花加工。由于这次有技术、有管理经验，加上细心经营，小工厂成为当地最大的专业高频印花厂，创业多年他终于收获了第一桶金。

2003年，他办了奇爱特鞋厂，鞋厂从单一的鞋类加工转变成集运动鞋研发、生产以及销售的综合型鞋类企业。经过6年的发展，工厂拥有一条完整的运动鞋生产流水线，员工近200人。

四次创业——成就亿元销售额

2008年，池州当地大力招商引资，刘更生响应号召决定回乡发展，在转卖了温岭的鞋厂后，在池州成立了双乐体育用品有限公司，从事制鞋这个老本行。

目前，双乐公司总面积达3.8万平方米，固定资产达8000万元左右，年销售额近亿元，在池州市拥有6家连锁店。2010年，企业还通过欧盟 BSCI 认证,产品远销欧美、韩国以及东南亚等国。

“创业,贵在坚持,对于你看好的事情,一定不要轻易放弃,因为,失败与成功之间只有一步之遥。”刘更生这样告诉每一个创业者。

吃水不忘挖井人，致富不忘家乡人。自己富了不算本事，他要带动乡亲们一起发家致富。

18年的打工创业经历，让张震明白了许多道理。他喜欢创业者的生活方式，只有创业才能真正活出滋味，品味生命的内涵。

返乡种瓜，种瓜得豆。事业的蒸蒸日上，让他收获了民心，赢得了社会，在成就他人的同时，也成就了自己，这才是阳光下最灿烂的开创。

“张震 返乡种瓜只为情”

和许多的创业者一样，来自淮北的张震创业的道路艰辛而坚实。他有过10年打工、8年创业的曲折经历，当事业有所成就，他怀着浓浓的回报家乡的情结，返乡创业带动百姓致富。

10年探索不寻常

所谓万丈高楼平地起，创业路上甜酸苦辣的每一幕，张震都铭记在心，历历在目。

“在我年仅17岁的时候，因为家里的条件不太好，初中毕业后我就一直想到外面闯一闯。1993年春节刚过，我和表弟一起来到了上海，投奔在食品厂工作的表哥。刚开始找工作很难，一个多月过去了，人家不是嫌我个子小，就说我还是童工，好不容易在一位老乡的介绍下，我获得了自己的第一份工作，在上海航空发动机制造厂上班。我那时满脑子的念头就是学好技术，经过辛苦努力，最后我只用了别人三分之二的时间学到打字机拼装的技术。这证明了年纪小的我可以经过努力做到不比别人差。1996年，由于打字机行业不景气，我辞去工作，到龙华地区一家菜市场里包了一个摊位，做起了水果和蔬菜生意，我起早贪黑，诚信经营，算是完成了由小打工仔到小老板的成功转型。这时交际圈扩大了，见到的世面也广了，得到了不少的启发，逐渐掌握了生意上的一些学问和技巧，从中也深刻地认识到只有掌握一门技术才是成功的要点。”

“那时,我总想着摆摊位不是我要的那种成功,于是决定再次进厂学些有技术性的东西。”1997 年,张震开始接触服装针织行业。最初,他在上海市奉贤区青村镇申茂织布有限公司做机修工,后来,由于工作表现出色,能和工人打成一片,他很快被提拔到了车间主任。一步步地升迁,使他有机会接触到单位的管理层,学习到了很多企业管理方面的知识。

2000 年,为了学到新的技能,张震抓住机遇跳槽到奉贤区最大的成衣厂——上海凯拓集团,并担任织布技术厂长和业务厂长。在凯拓集团短短的 3 年工作经历,使他的工作能力更加成熟,在担任厂长期间,学会了如何与客户接触,如何与职工打交道,管理水平有了很大的提高,也因此为他的创业之路奠定了基础。如此大型成熟的工厂的运作方式也为以后自己设立工厂开始创业提供了运作范本。

张震说,创业有 N 个理由:我想改变自己的未来;我要过一种完全不同的生活;我不想一辈子打工;我想有自己的事业;我想在年轻的时候,闯一闯;我不想在老去的时候后悔。

8年成就“裁缝王”

有了资金、技术和管理经验的积累,2003 年 4 月,经过近 1 个月的策划和筹备,张震终于在奉贤区郄桥镇马路村租下 1500 平方米的厂房,经过多方融资并出售了自己唯一的一套房产,集齐投资资金 200 万,购买了 4 台进口针织大圆机,与兄弟和妹妹以老家的几名职工为主,开始创办属于自己的企业。在艰苦的创业初期,他们为阿迪达斯等品牌做服装面料加工,赚点微薄小利,当时他带头以身作则,与职工同甘共苦,为了保证按时交货更是与职工一起加班加点。一年后,由于得到了客户的信任,业务量不断翻番,又添置了 12 台进口大圆机,同时发展到向客户经销出售布料,提高了收益率。到 2009 年,已发展到 40 台大圆机,同时配置各种织布设备,实现了规模效益。发展至今,公司拥有了自己的送货车、商务车和自备车。为了配套发展, 同年他又投资开设了一家针织成衣服装厂, 利用自己拥有面料厂的优势为客人提供从面料到成衣的一条龙式生产服务,赢得了客户的好评。现今企业欣欣向荣,产销两旺,2家工厂共有员工120人,其中吸纳家乡员工40多人。2009年底产值达到2600万,成为当地镇村的纳税大户。成衣服装厂也被上海市教育局指定为奉贤区校服生产基地。8年的努力,张震也被大家称为“裁缝王”。

返乡种瓜只为情

2007年底,张震在江苏省南通市海安开发区购买了54亩土地,准备投资2000多万元建一条生产基地,那里的政府开出了优惠的税收待遇,对他的投资计划多次进行沟通交流,当地政府也希望尽早开张营业。但在2008年春节他回到家乡,看到家乡热火朝天的发展氛围和日新月异的变化,张震说:“我觉得作为家乡人民的儿子,自己有能力了,理应为家乡人民做点奉献,带领家乡父老共同致富奔小康。”

返乡创业,带领家乡老百姓共同致富一直是张震的一个心愿、一个情结。用他自己的话说,就是“自己富了不算本事,能带动更多老百姓致富才是能人”。在家乡党政领导和共青团组织的热情鼓励下,2010年,他回到家乡创办了安徽颖明农业科技有限公司,在淮北市濉溪县百善镇示范基地种植杜瓜良种100亩,专业从事杜瓜种植和种苗开发培育,然后对农户免费进行技术培训,带动周边农民参与种植,共同致富。

种植杜瓜?这个大家不太熟悉的农业项目有前途吗?张震有自己的考察,更有自己的看法:如果90%的人一致叫好,就有两种可能:这个想法已经被别的企业验证,你已经没有机会;要不这个想法很愚蠢。而那些不被别人看好的想法,反倒有可能在那些大企业所不屑于或者没有意识到的领域创造出优势来。

张震的这个种植杜瓜的项目总投资3000万元,每年每亩净收入可达到3000元。计划3—5年内,种植面积突破5000亩。帮助300—500户贫困家庭,走上富裕之路,公司另在百善食品开发区里征地80亩,筹建以杜瓜为原料集深加工、研发、办公及产品物流为一体的基地,主要打造杜瓜粉、杜瓜茶、杜瓜油、杜瓜皮、杜瓜子等系列休闲保健食品以及中成药的原材料。为保证公司长远发展,他准备利用淮北地区土地资源,再向当地政府流转土地2000亩,发展地方区域合作,带领并带动农民整合土地优势,共同打造规模化种植基地。预计5年内发展种植面积5000亩以上,带动地区农业长期稳定发展。在以杜瓜种植生产及深加工为企业主要项目基础上,配合其他农业产品开发,形成多种产品结构的整体营销模式,开发和打造具有长三角地区农村特色的农业产品。张震说,现在市场已有的产品有:杜瓜子系列休闲食品、纯天然天花粉,但这类产品目前在全国都比较少,特别是杜瓜子、天花粉等极具营养和医用价值的产品更是难觅踪影,市场前景十分可观。公司成立后,张震开始注册自己商标以及产品的各项认证。他和科研机构合作成立生产研发中心,对杜瓜的种植以及产品的深加工和开发,以打造具有当地特色的系列农产品,并和上海的著名食品企业"来伊份"签订供货协议。

对于公司的前景规划,张震信心百倍:"下一步,公司将以杜瓜种植项目为基础,通过统一培训、统一收购、统一加工、统一销售的形式解决种植户的后顾之忧,最终引导当地农民与公司、种植合作社共同发展进步,以达共赢目标。"

"自己富了不算本事,承担社会责任是义不容辞的。"吃水不忘挖井人,致富不忘家乡情。在自己发展的同时张震不忘回报社会,他为马路村困难老人捐衣捐物,为马路村建老年活动室捐赠5000元。2008年四川发生特大地震,他积极响应党的号召,带头捐赠5000元,同时动员职工支援灾区建设,员工捐款共计6500多元。他也为家乡困难职工解决生活困难,每逢春节期间,向困难职工家庭发放补助金,几年来累积发放3万多元。2011年4月8日,张震回到的自己的母校,资助了57位学生,以帮助那些家庭困难的学生完成学业,学到有用的科学文化知识。

对于创业,张震说,我自己也有三点体会:第一,创业是和平时期最亮丽的一种生活方式。我们不能拓展生命的长度,但是我们可以通过创业拓展生命的深度和广度。第二,创业要做好吃苦的准备,很多成功的创业者都经历过"九死一生"。第三,创业要有一个强大的精神支柱,只要不被打垮,就有赢的机会。

何期百炼钢，化成绕指柔。下岗重返校园，张晓红完成了回炉再造。女人怎么了？半路出家怎么了？雕塑怎么了？在一次次波澜中归于平静，张晓红华丽转身，成功出炉。

就在家乡大打“铜”字招牌，发展铜文化产业的当口，张晓红抓住有利时机，回乡创业，搞起了铜雕塑。至于后来的市场、营销、管理，张晓红是事必躬亲，对她来说，自始至终都在学习，学习贯穿着她的创业路。对她来说，创业便是一个看不见的大课堂。

“张晓红 塑造新人生”

做一个创业者，就像鹰的重生，痛苦过后，你将长出利爪新毛，你的人生将完全不同。

铜陵市青铜时代雕塑有限责任公司董事长张晓红的成功是一个很好的青春励志故事，从下岗女工到重回校园，从艰苦创业到走向成功，张晓红用她的故事印证天道酬勤的真理。回首创业的经历，她感慨颇多。

为了理想回校园

初次创业者很容易出现的先天性不足：没有经验、没有资源、没有技能。从这个角度来看，创业的早晚与年龄无关，只有当经验、资源、技能都做好了相应的准备，才算是合适的时机。只不过在实际的生活中，很多创业者都担心长时间的准备会消磨掉自己的雄心而仓促启动，而恰恰忘了“磨刀不误砍柴工”这句老话。

张晓红的创业经历正印证了这句老话。

2005年，因企业改制，在一家国有企业从事机械加工工作的张晓红下岗了。下岗后，与大多数人一样，张晓红曾一度非常迷茫和彷徨，不知自己未来的路如何走，职业没有了规划。“那时，我天天在家足不出户，心情沮丧到了极点。”

有一天，美术专业出身的丈夫提醒她说：“你何不借这次下岗的机会去参加成人高考，学习美术，只要你努力，我全力支持你。”

丈夫的话似乎一下燃起了张晓红的希望,“是呀, 我何不把失业当成我创业的起点呢?”于是,在丈夫的支持下,张晓红开始复习功课进入备考状态。功夫不负有心人,经过几个月的努力,同时在丈夫手把手的耐心的美术专业课辅导下, 张晓红顺利地通过了全国成人高考,考取了中国美术学院成教院的美术教育系,开始了人生第二次校园学习。这一年,张晓红 29 岁,女儿 2 岁。

“离开家,离开丈夫和女儿,加上环境的变化,让我很难适应,思念的心情时时折磨着我,失眠成了家常便饭,记不清多少次画着画、看着书,想起了家,想起了女儿,眼泪就流了出来,以至于需要强制调整心态才能进入学习状态。

“在校学习过程中,在记忆力和接受能力上都倍感吃力,专业课更是对我巨大的挑战。但是我深知,这一次进入校园可能是我人生最难得的一次学习机会, 也是我将来创业中最关键的一次系统学习。一想到此,我努力调整心态,用超强度的学习来‘压制’我思乡和念家的念头。我几乎放弃了所有课余休闲的时间,一门心思地学习专业和文化课。终于在 2008 年以优异的成绩毕业并加入了中国共产党。”

毕业后,张晓红感到自己虽然有了大学学历,但是专业课功底还有待提高,于是她又考入湖北美术学院雕塑系研修。“雕塑系是美术学科里对美术功底要求最高的专业, 美院雕塑系每届学生也不过 20 多人。进入雕塑系才感觉到自己写实功底的薄弱,压力非常大,我设法将压力转化为动力,放弃了所有休息时间,专心于专业学习,经过 2 年的努力付出终于得到了回报,我的专业课已经排到全班的前三名。”

创业艰难不放弃

大三的时候,有一次,张晓红向雕塑系主任请教未来的职业发展方向,主任对她说:“你作为一名女同志,而且是半路出家学的雕塑,想在雕塑专业的纯艺术领域取得成就,其艰辛程度是你难以想象的。你何不用你学到的专业知识,结合你家乡铜陵的资源优势,在铜雕塑的产业化道路上拼搏一番, 这样可以使你的专业学以致用,走出一条成功之路。"可谓"一语惊醒梦中人",张晓红开始萌发了回家乡创业的念头。

张晓红说:"我知道, 创业需要破釜沉舟、义无反顾的生活姿态,要付出的、牺牲的非常多,但是还是有这么多人创业,就意味着创业还是一件热血澎湃的事情。人的一辈子,可能需要有一段这样的记忆。

"2010 年初,我了解到铜陵市委、市政府大力发展铜文化产业,并将举办国际铜雕塑大赛, 同时对大学生创业的扶持力度也在不断加大。于是,这年 7 月份一毕业,我就回到家乡,创立了青铜时代雕塑有限公司。

"然而,创业的艰辛是我远远没有料到的。那时正值盛夏,我带领团队顶着酷暑找厂房、搞基建、购设备、招人员,2 个月后,公司终于宣告正式投产。可这个时候,我整个人已经'面目全非',一下瘦了十几斤,又黑又瘦,连一些平时熟悉的人也认不出我了。"

公司成立后,还来不及歇口气,企业更大的困难又在等着张晓红了——"2010 年 6 月, 我们接到一个客户近 100 万元的订单,产品为一尊佛像,交货时间紧、要求高、工艺复杂。最关键的是刚刚交出了一批货物,资金还没有回笼,资金面临了极大的困难。合同签订后,我四方向亲友借钱,终于筹措到 50 万元启动资金。为了攻克工艺上的难题,确保按时交货,我几乎每天吃住在公司,带领技术工艺人员,做了上百次的试验,反复改进工艺,终于在两个月后完成雕塑作品的初稿。这时客户来到公司,在逐一检验后认为,完全符合他们的要求。当客户得知我们做了上百次的实验才终于实现这一目标后,深为感动,在知道我们的资金困难后,不仅主动提前预付了 30 万的提货款, 还立刻又与我们签订了 50 万元的小型雕塑作品的订单。这一次合作,不仅使我们双方建立了良好的合作关系,也为我们解决了创业之初的资金等燃眉之急。"

到 2010 年底, 公司在边筹备边生产的状态下完成销售收入 200 万元。

天道酬勤终成功

因为产品质量和服务得到市场的认可,2011 年初,公司很快就签满了大半年的订单。市场是有了,但创业之初面临的困难还是很多,流动资金就成了最大的困难。2011 年 4 月,张晓红接到山东一个客户 220 万的雕塑订单,他们想尽办法,可是资金问题还是一下难倒了他们。“无奈之际,我们请客户来公司,敞开心扉说出了我的学习和创业的经历,道出我的困难。一位女子学习和创业的顽强品质打动了这位山东汉子，这位同样有过创业艰辛经历的客户当即答应提前预付 30%货款,最终使我解决了这个问题。”

随后,我们抓紧订单充足的机会,腾出精力抓管理,三个月里,公司初步完善了组织机构、财务、物流、人力资源、员工激励等基础管理制度,目前公司建设生产厂房 3000 平方米,已成为一家拥有优秀的创意设计团队和国内领先生产工艺的文化创意企业。2011 年完成销售收入 1200 万元。

截至目前，青铜时代雕塑有限公司生产的城市雕塑已安装在国内十多个省市,并先后为著名美术家、教育家刘海粟先生,中科院李国平院士及中国雕塑大师、教育家张祖武先生等国内多位名家塑像。已制作生产了华中第一鼎——湖北神农架高 6 米的“神农鼎”、高 8 米的新疆核工业纪念碑等一批在国内有一定影响力的雕塑。同时,公司以先进的生产工艺和优质的服务,赢得了国内多位著名雕塑家及美术院校的信任和支持，现已成为中国美术学院教学实习基地、湖北美术学院创作生产基地,吸纳了当地就业人员 40 余人。

先造势，再借力，顺势援力，风乍起，吹皱的不只是一池春水，是雄风万里，是翻动扶摇羊角。鲲鹏之志，必有外力助推方能实现。

张杰深谙借力发力之道。做学徒不是目的，没有人愿意做一辈子学徒，多少学徒心中都有一个创业梦，学是为了开创、成就自己的一番事业。

“张杰 蒲公英的启发”

有一种小花结的果实非常有趣，轻轻地摘下一枝放在嘴边，用力一吹，果实便在小伞的帮助下借势飞去，越飞越远……小时候老师告诉过我们，这种植物叫作蒲公英。创业是一个在夹缝里求生存的经历，尤其处于社会转轨时期，创业者只有先顺应社会，才能避免在人事关节上出问题。创业者一定要明势，不但要明政事、商事，还要明世事、人事，这应该是一个创业者的基本素质。在创业的时候，我们必须借各种各样的势，随时准备像蒲公英一样，小风一吹，就能飞出去好远好远……这是张杰对蒲公英的深刻理解。

张杰，安徽池州人，5 年前他还是一个默默无闻的打工仔。2007 年，在老板的帮助下，他回乡开办皮件厂，2010 年，又建起了自己的皮件公司。目前，公司总资产 600 万元，占地面积 4000 多亩，年销售额达千万。

无奈跳槽 原公司 8 万高薪再聘请

现年 32 岁的张杰出生在池州市一个偏僻的小镇上。从小，他就有一个梦想，有朝一日成为一名人民警察。在职高毕业后，他相继做过治安巡逻队员、市容管理员的工作，但是由于学历上没有达到条件，张杰最终放弃了这个梦想，转而下海。

2000 年，他来到江苏无锡钱桥镇，在一家皮件公司打工，最初干的是皮革裁剪。他从一个学徒做起，第一个月的工资只有 500 多元。但是由于他聪明好学，两个月后他就被提拔为生产组长，作为厂里的技术管理尖子培养。

就在张杰刚刚有所起步、前途一片光明时，令所有人感到意外的是，他选择了跳槽。2004年他到了义乌一家皮件厂做车间主任。做出这样的决定，张杰说："这是有原因的，对于公司方面，董事长要聘请我做他的助理，可是生产部的经理不放，我原来在生产部。于是，就僵持住了。之后，无奈之下，我选择了辞职。"

两年后，令张杰意想不到的是，之前在无锡的总经理专门驱车来到义乌，目的就是请他回去。因为公司壮大，缺少专业人才，而且总经理开出了年薪8万元的优越条件。于是，他回到无锡，也正是这个决定，才为他的创业提供可能。

因为欲望，而不甘心，而创业，而行动，而成功，这是大多数白手起家的创业者走过的共同道路。

"赢在创业，贵在坚持。充满创业梦想和创业激情的你，也许曾经因为没有背景、没有金钱、没有深厚的人脉而怀疑自己、怀疑成功，从而徘徊不前。相信自己，你一样可以成功！"

放弃高薪　回乡100天办厂

回到原公司的张杰，有着高于他人的工资收入和岗位。这在别人看来是很好的条件了。但是，他有自己的算盘。

"当时，我们家乡有很多年轻人在外务工，许多中年妇女和下岗职工无事可做，如果我能在家乡开个皮件厂，那招工就不用愁了，而且还能帮助解决就业问题。"张杰说。

张杰把创业的想法告诉了他的老板，希望老板能给予资金上的帮助。他带着老板到家乡考察，最终老板表示支持，并且达成协议，老板提供资金上的帮助，张杰的厂子建成后也只接他的单子。

"只有创业，你才能够真正认识自己的潜能，才能发现你一直都有却从未展现的力量，这就是梦想和专注的力量。"张杰感慨道。

在家乡创业，对于一个长年在外的务工人员来说意味着一切从零开始。当时正处在炎热的7月，他在高温下为租赁厂房、宿舍、办公地点奔忙着。那时候，他并没有完全退出无锡的公司，在创业的同时，他还得往返于无锡和家乡之间。

“很多人说创业苦，其实我自己的感觉是让自己在心态上得到彻底的磨炼，让自己的能力也得到进一步的提升。创业初期，感觉更像是在对自己进行一次深度的改造，性格、态度、心性、习惯、思维方式、看事物的能力与角度、对待他人的方式与习惯以及自己能力的提升。这是一个重生，让我发现自己原有的习惯和性格上的错误，让我更明白自己该做的以及该想的。当重生结束，那就是起飞的开始。”

厂址解决之后，就等着开工了，这时一个难题出现了——厂房边的低电压不能满足生产的条件。于是，为了架高压，白天他找许多部门协调处理，晚上又找村民协调处理线路的走向以及赔偿损失，每天忙到深夜，最后终于把高压设备架起来了。前期所有的筹备用了100天的时间，到2007年10月份的时候，张杰的皮件厂终于建起来了，并且迅速了投入生产。

老话说“吃得菜根，百事可做”。张杰说，对创业来说，肉体上的折磨算不得什么，精神上的折磨才是致命的，如果有心自己创业，一定要先在心里问一问自己，面对从肉体到精神上的全面折磨，你有没有那样一种宠辱不惊的“定力”与“精神力”。

2010年，张杰又成立了自己的皮件公司，把之前从老板那借的钱全部还上，现在已是一家独资企业。在职职工200多人，总面积4000多亩，年产值达千万，公司产品销往欧美及亚洲国家。

“创业过程中我最大的收获是人生经历，创业的每一年所收获的人生经历甚至超过我以前打工时代的N年，由于有效人生其实很短暂，创业能让我在有限生命时间里体验更多的经历。”张杰这样感慨道。

在看灾难片的时候，我们第一感受就是人类在大自然面前真是太渺小了，人的发展应该顺应大自然，去主动适应大自然。其实，人在社会中也一样，自己完全不必过多地和社会大势去较劲。借力、顺势，就像太极推手一样，多利用周边资源，借外力达成自己的目标非常重要。张杰在老板的帮助下创业成功，借势飞得很高、很远，就给了每一个有志于创业年轻人以很好的启示。

周丙武 为家乡建"网"

少年之志，穷且益坚。周丙武的想法很简单，就是想挣点钱，弥补生活的不足。其实，如何入门，何时入门，对于创业者来说都不是十分重要的，关键的是迈出第一步后，他所能感应的反作用力。

起步阶段的反应往往决定创业的成败，决定创业成功后能走多远。

周丙武学的专业是计算机，也许冥冥之中命运的安排，在那个计算机与互联网尚未普及、很多人都对此没有任何认识的年代，这个年轻人已经开始营造自己的"网络梦"。

周丙武于1981年出生在淮北农村的一个普通家庭，年少家贫，刚上学的时候，他认为计算机跟做加减乘除用的计算器没什么两样。"可是通过学习，我逐渐喜欢并迷上了这个神奇的机器。"

在安徽理工大学读书时，周丙武每个月的生活费不到100元，没有钱买专业书，就只能去书店看。可只有理论还不行，还要上机练习，学校里的上机时间很有限，他只能在生活费里挤出钱来去网吧上机练习。经济上的窘迫让他很快意识到，一份工作比上学本身更重要。入学半年后，他进入校办的一家计算机公司半工半读。期间，他对计算机、对互联网的前景发展有了更深刻的认识，心中的梦想开始生根发芽……

2003年1月1日，周丙武和一个好友凑了800元钱，正式开始了自己的创业之路。"租不起店铺，就租了一间偏僻的小平房，只有十几平方米，生活加办公全在里面。"周丙武笑着回忆说，"条件虽然简陋，可我们心里还是激动万分，认为这就是我们精彩人生、光辉事业的摇篮。"那时，大家还不知道什么是互联网，很多人连电脑是什么也不知道，所以他们只能先从硬件做起。由于资金有限，一开始只能贩售一些打印纸、墨盒、内存条之类成本低的商品，为了省2元钱的交通费，周丙武通常是用自行车把这些东西从货运站拉回小平房,然后再骑着车去给客户送货。

这样坚持了一年以后,业务渐渐有了起色,小平房升级为门面房,虽然很小、很简陋,可是在事业上也算是迈进了一步。周丙武又筹措了3万元钱,正式打出了“恒通网络”的招牌,开始从事网络营销电子商务。当时,淮北市一家著名企业要在全国打市场,想把网络这方面的工作做起来。通过一个企业家朋友的介绍,周丙武结识了该公司领导。“没想到只聊了一会,这位领导就被我的诚意所打动,从此,他们的网站建设和维护都交由我来做。自此,我们真正向软件服务迈出了一大步,距离我的门户梦想越来越近了。”

随着业务的稳步发展, 周丙武和他的恒通网络帮助很多优秀的企业建立了自己的网站,也获得了阿里巴巴、百度等中国一线互联网公司的认可,成为它们在皖北地区的合作伙伴。2009年,28岁的周丙武创立安徽智凡网络信息技术有限公司, 整合手中所有的资源,创建了淮北本地人网。

“我时常会想,在这个城市里一定有很多年轻人像当年的我一样,充满创业的激情与梦想,而我想为他们提供一个良好的信息交流平台。”这就是周丙武一直在心头萦绕的门户梦想。淮北本地人网的服务定位是淮北市最大的网络信息服务媒体, 最大特色在于提供行业信息数据库和生活服务信息。在这个平台上, 由各类个人、商家组成的群体网,可全方位、全天候提供最新的有关企业、产品、供求、个人信息等资讯。

“‘本地人网’又是一个青年人的网络创业平台,聚合皖北地区的青年创业者,‘智凡网络’ 能够为他们在网络营销上提供全面的支持,并把他们的知识和经验都集中起来,帮助更多的人参与到网络创业的浪潮之中。”周丙武侃侃而谈,“这样,他们创业的风险更小了,成功的概率更大了。”

目前,淮北本地人网的注册用户虽然只有寥寥万人,但其中有40%都在该网的平台上开设了网店,做起了电子商务。“我们愿意和他们携手进步,去实现共同的网络创业梦。”周丙武说。

丁兰香 兰花吐芬芳

创业无关乎大小，投资办厂是创业，注册公司是创业，经营一家门面店同样是创业，谁都是由小及大的，一口吃个胖子，是个人都会受不了。这也符合一生二、二生三、三生万物的道理，符合循序渐进的节奏。

从安庆印染色织总厂女工到安庆市清怡针纺织品有限责任公司董事长，丁兰香抒写了一朵兰花吐露芬芳的创业传奇。

故事应该从 1992 年的春天开始说起。那时，能在安庆印染色织总厂当合同制工人，这是好多姑娘的梦想，丁兰香幸运地实现了这个梦想。让她没有想到的是，由于市场的变化，全球纺织行业很快处于低迷状态，该厂的发展前景每况愈下。“从了命运还是争取改变？”经过一番激烈的思想斗争后，丁兰香决定辞职创业。

用家里仅有的 3000 元钱，丁兰香租了一个 7 平方米的门面开始经营布匹生意。初出茅庐的丁兰香第一次体会到了什么是创业的艰辛。“开店门时，不要忘了创业的艰辛；打烊后，别忘了明天创业的目标。”在丁兰香办公桌玻璃板下面一直压着一张已经泛黄的纸条，纸条上的话成了一直以来激发她为之奋斗的座右铭。

功夫不负有心人。1997 年，经过多年艰苦打拼，丁兰香的小门面发展成了拥有 200 万元资产的批发部。不过小有成就的丁兰香并没有因此停下创业的脚步，那年，她办起了织布厂，也就是现在安庆市清怡针纺织品有限责任公司的前身。

像兰花一样，丁兰香有着倔强、要强的性格。织布厂创立后，她开始跑市场、租厂房、买机器、请工程师指导，并且带头学技术、带头搅拌水泥、带头安装机械设备等，凡是办厂初期的工作，能做的她都做了。要找她办事的人，只要到工地上，看见那个头戴安全帽、一边干活一边大声吩咐什么的人准是她没错。经过三个月的苦干，

70台织机、140锭络纬车、1台高速整经车先后安装成功了。坚强的她在听到马达的第一声轰鸣声后,情不自禁地流下了激动的泪水。

20世纪90年代,国内纺织行业处于低迷时期,丁兰香的“清怡纺织”却如行业内一匹黑马,引起了人们的关注。人本、厚德、自强、鼎新是清怡针纺织品有限责任公司的企业文化。这些年来,丁兰香深感民营企业的责任和使命,致富思源,义利兼顾。走上成功之路的丁兰香不仅关心下岗姐妹,还热心参与慈善事业和社会公益事业。

无论是创业之初还是现今,丁兰香都没有忘记一起下岗的姐妹们。原安庆市印染色织总厂下岗工人刘爱珍记忆犹新:“看到我们这些姐妹下岗后生活艰难,她说一定要帮助我们。”织布厂开工后,刘爱珍等70多名下岗女工重新走上岗位。1994年起,丁兰香一直资助着邻居家因母亲早逝而陷入困境的未成年人,供他读书。之后,丁兰香每年都要资助七八个女孩上高中、上大学。据不完全统计,近年来,丁兰香先后为教育事业捐款25万元、向孤寡老人捐款16万元、捐助社会公益事业35万元。

丁兰香,就像一朵创业园里的兰花,散发着缕缕清香。

吴荣瑛 创业人生华而雅

身残志坚，创业不为别的，为的是帮助更多的残疾人，生活中，越是这样的人越是懂得感恩回报。虔诚的心在任何时候都能绽放出最美的花朵。

在望江县龙湖商贸城里，记者见到了驰骋商海10余年、身残志不残的女强人——安徽华尔雅进出口服饰股份有限公司总经理吴荣瑛。

1976年12月，吴荣瑛出生在望江县雷池乡三河村一个农民家庭。童年的她天真活泼、聪明可爱，却不幸于6岁时患上了小儿麻痹症，双腿行动不便。上学的路上，吴荣瑛经常摔跟头。

1993年7月，吴荣瑛如愿以偿地考入了合肥市某高校会计专业，毕业后被合肥市可苑新村幼儿园聘任为会计。

然而，满怀抱负的吴荣瑛还有自己更加远大的梦想——创业。“只有创业才能自立自强，才能帮助其他残疾人，同时回报社会。”1999年，尽管幼儿园领导多次挽留，吴荣瑛毅然辞职，和爱人创办了合肥华尔雅制衣公司，走出了自主创业的第一步。创业之初，困难重重，小两口一方面省吃俭用，一方面积极争取家人和亲朋好友的支持，多方筹集资金。夫妻俩凭着真诚和闯劲在合肥把公司办得红红火火，当年获利50多万元。5年后，华尔雅已成为合肥市场上小有名气的服装品牌。一个残疾大学生的创业史，令同时创业的同行们和服装界的人士敬佩不已。

不断超越、不满现状的吴荣瑛总能给大家带来更大的惊喜。2004年4月，她积极响应望江县委、县政府的招商引资，毅然放弃了合肥市优越的市场，将安徽华尔雅进出口服饰股份有限公司总部全部转迁到生她养她的望江县城，开始了自己和爱人人生的第二次创业生涯。通过市场调研,吴荣瑛不顾自己瘦弱、残疾的身躯,八次进县城联系厂址,人瘦了一圈,最终使拥有260套服装机械设备、1台全自动电力加热锅炉和1台205×55汽、水两用锅炉,总投资1000万元的安徽华尔雅进出口服饰有限公司成功落户望江县龙湖商贸城,成了望江县第一家招商引资企业。公司占地面积10亩,职工300多人,年产值5000万元,主要产品是外贸服装加工,全部出口欧美和日本,收到良好的社会效益和经济效益。又是3年的苦心经营,华尔雅名副其实地成为了望江县服装行业的龙头骨干企业和望江县服装知名品牌。积攒了一些资金后,吴荣瑛想把生意做得更大一些。为了做大做强企业,2006年,吴荣瑛又投资700万元创办安徽华尔雅进出口服饰有限公司太慈分公司。

“我办企业目的就是让残疾人和下岗职工得到更多的就业机会,也让我有机会回报社会。”吴荣瑛是这样说的,也是这样做的。吴荣瑛的公司共招收残疾女工和下岗职工百余人。

陈磊 “富二代”的艰苦奋斗

“富二代”还要创业？把自家的产业好好发扬光大已经很不错了。可是陈磊不这么想，他要做家乡乃至皖北地区最大的农产品集散中心，他要另辟蹊径，完成自己创业梦想。

实践至少证明了两点：陈磊创业成功了，这是其一；再者，创业都要吃苦，富二代亦然。

对于“富二代”和“80后”这两个标签，28岁的陈磊显然更倾向于接受后者。虽然其事业是在父辈创业的基础上起步，但他用一个80后青年特有的思维方式与创新精神，在历经重重挫折磨砺后，做出了属于他自己的斐然成就。

返乡“试创业”

陈磊原本是个打工仔。2006年从上海一家大学的建筑经济管理专业毕业后，他进入当地一家工程管理咨询公司，做起了现场监理员，年收入数万元。“当时觉得自己运气真好，这么顺利就找到了一份专业对口，待遇和发展前景也都不错的职业。”就在他准备在职场生涯中的第一个工作岗位上“好好干”时，父亲从老家打来的一个长途电话改变了他的人生规划。“父亲说，别在外地打工了，回来跟我一起干吧！”

陈磊的老家在宿州市砀山县，全县可耕地127万亩，水果面积70余万亩，占全县耕地面积的55%，是以酥梨等水果生产为支柱产业的“梨都”。陈磊的父亲在当地也算是名人，其创立的北海果业在当地有一个水果专业合作社，与周边数百户果农建立了产销合作关系，在上海也有两个销售市场，月销售额过百万元。是回家跟父亲一起创业，还是在上海老老实实地打工？这道选择题，陈磊思考了整整一周，最后，他决定回家试一试。“我不想跟父亲和哥哥做一样的水果销售，不想在他们的事业上坐享其成。如果我回去，就要做和他们不一样的事情。”陈磊当时的想法是：“我还年轻，回去试一试，如果失败了，大不了再出来打工就是。”

2007年春节后，陈磊辞职返乡，开始了他的试创业。

从“等待戈多”到“按图索骥”

“砀山年产几十亿斤瓜果蔬菜，却连一个像样的农产品批发市场都没有，这简直是我们砀山的悲哀。”做当地最大的农产品批发市场，这便是陈磊创业的目标。

此前，当地的农产品大多是田间地头交易，由一批农民经纪人挨家挨户上门收购，再转手卖到外面的市场上。农户辛辛苦苦种出的农产品往往被这些经纪人克斤扣两，价格也被压得很低。“如果建立起一个正规的市场，农户和销售商现场交易，价格透明统一，既能帮农产品打开销路，又能维护农户们的利益，肯定会大受欢迎！”陈磊想得很兴奋，但接下来发生的情况却让他大跌眼镜。

“不是房子盖好了就一定有人住。”这是陈磊给自己上的第一课。2007年初，砀山农产品中心惠丰批发市场正式投入运营，占地50000多平方米的棚子搭好了，前期宣传也都做了很多，可接下来两个月的时间里，市场里居然没有一户果农、一个经销商入驻，偌大的市场里一眼望过去空空荡荡，干干净净，“看得让人想哭”。那两个月里，出任总经理的陈磊和他的员工们每天端着盒饭蹲在市场里，从早到晚所做的事就是等待，“就好像一幕‘等待戈多’的荒诞剧，不知道要等到什么时候，那真是望眼欲穿！”有时候，市场大门口有运送农产品的车辆经过，陈磊他们经常会误以为是客户上门了，兴奋劲还没到达顶点，就看到那车绝尘而去，让人沮丧无比。“我们有时会开车追出十几里地，去问人家是不是要找批发市场却开过头了。”陈磊苦笑着说。

这样下去不是办法，陈磊决定由坐等变为出击。他带上两个业务员和一张地图，开始按图索骥地跑业务。他们吃住都在车上，人歇车不歇，一个月的时间，跑遍了安徽、江苏、河南、山东、北京等地的农产品市场，行程数万公里。长途跋涉让三个人疲惫不堪，嘴里、鼻子里起满了水泡,可最难熬的还是一次又一次的失败。“很多客户都看好我们市场的前景,但又都持怀疑态度,不愿意入驻。”陈磊心急如焚,这可怎么办呢?

诚意与回报

做生姜生意的山东人老刘恐怕是陈磊这辈子都不会忘记的一个人。2007 年 4 月的一天,跑业务跑得焦头烂额的陈磊在徐州的一个农产品市场里遇到了老刘,虽然之前饱受挫败,但陈磊还是抱着试试看的态度,颇具诚意地向老刘发出了邀请。令他没想到的是,对方居然答应了!

数日后,老刘的第一批货——5 吨生姜按约定到达了陈磊的市场。虽然 50000 多平方米的场地里只有孤零零一家商户仍显得有些可笑且可悲,但陈磊却为此开心起来。“毕竟是开张了嘛!”有了卖方,市场里却没有买方,为了留住这来之不易的唯一客户,陈磊带着原本只是做市场内管理工作的人员帮着卖起了生姜。陈磊自己运了一车姜,连续一个礼拜在周边的村子里挨家挨户地问人家要不要买。姜很快卖完了,老刘看销路不错,很快又运来了第二批货,与此同时,又有几家外地的经销商被陈磊的诚意打动,入驻了市场。

在市场里有了四五家外地客商后,陈磊开始将注意力转移到本地的农户身上。为了改变农户们宁愿田间地头交易也不愿意进市场的习惯,陈磊带着人挨家挨户地上门拜访,尤其是对那些在当地农产品交易过程中发挥重要作用的经纪人们,由于建立统一市场断了他们的财路,平息他们的愤怒与不甘更是需要付出极大的时间与精力。在此期间,陈磊由于劳累过度,几次突然晕倒而被送进医院救治。

“精诚所至,金石为开”这句话在陈磊身上得到了很好的验证。一天,陈磊等人在市场附近的路边,遇到了正在停车休息的一位老果农,他和儿子正要去给经纪人送货。陈磊带着员工为他们父子端茶送水,还赠送了毛巾等物品,希望他们到市场里“看一看”,谁知道对方不但不领情,几句话没说妥,反而将毛巾等甩了回来,撂下一句:“谁要你们的东西,说了不去就不去!”言毕即开车离去。血气方刚的陈磊差点按捺不住,“指着我们的鼻子骂,还把送给他们东西都摔到我们脸上了。”可后来,还是忍了。巧的是,第二天,陈磊等人又在路上遇到了这对父子,他们的水果卖得不好,剩下了许多,老果农显得垂头丧气。陈磊等人见状,又“厚着脸皮”凑上去端茶送水,诚恳地再次向对方发出邀请。“拳不打笑面”,老果农也不好意思再说狠话,终于同意到陈磊的市场里去“看一看”。到了市场里,不用他操心,陈磊立即联系了一批已经在返程途中的经销商,给他们报销汽油费,请他们再折回来收购了老果农没卖掉的水果。老果农被陈磊的诚意所感动,不但自己将水果运进市场来买,还发动全村的果农都入驻了陈磊的市场。

经过两年多的不懈努力,陈磊初步改变了砀山农户历来不愿进市场交易的传统习惯。他一手操办起来的砀山农产品中心惠丰批发市场现在每天人流量2000多人次,大小车辆近千台次,物流园区每天配货500车次,全年销售各类农产品近20万吨,交易额达2.1亿元人民币。

“直到今年,我们才开始收取一些物业管理费,之前其实一直都在亏本做。”搞了这么大一个摊子,不图赚钱图什么?陈磊的野心显然更大:“我们要打造中国皖北地区首屈一指的农产品物流集散中心和价格形成中心,要把这个市场打造成为国内南北、东西农产品信息、物流、理货等方面互通互动、交流交易的中转平台!”对于未来,陈磊年轻的脸庞上写满了憧憬与信心。